TOP'ACTUEL

LES CHIFFRES DE L'ÉCONOMIE FRANÇAISE 2009/10

Franck Boutaric
Jean-Paul Brun
Conseiller éditorial : Daniel Sopel

hachette

Dans la même collection

- ▶ *La Paye 2009/10*
- ▶ *Immobilisations et amortissements 2009/10*
- ▶ *Fiscalité 2009/10*
- ▶ *Documents de synthèse et plan de comptes annotés 2009/10*
- ▶ *Les chiffres de l'économie mondiale 2009/10*
- ▶ *Droit du travail 2009/10*
- ▶ *Droit des sociétés 2009/10*
- ▶ *IFRS-IAS 2008/09*
- ▶ *Droit de l'immobilier 2008/09*
- ▶ *Santé/Social 2008/09*

Couverture : OPIXIDO
Maquette intérieure : OPIXIDO
Mise en page : Typo-Virgule

ISBN : 978-2-01-180900-1

SOMMAIRE

La production

Population active et emploi

Revenus et consommation des ménages

L'État

La protection sociale

Le financement de l'économie

Les échanges avec l'extérieur

LE PRODUIT INTÉRIEUR BRUT

DÉFINITION

Le **Produit intérieur brut** (PIB) représente le résultat final de **l'activité de production des unités productrices résidentes** (c'est-à-dire des agents économiques implantés sur le territoire d'un pays). Le critère du PIB est donc **territorial**.

1 - LE CALCUL DU PIB (EN MILLIARDS D'EUROS)

Valeur ajoutée aux prix de base *1 695* + Impôts sur les produits *209* – Subventions sur les produits *12*

↓

Produit intérieur brut
1 892

Source : INSEE, données 2007.

- Le **PIB** peut se calculer en additionnant les richesses créées par les agents économiques (mesurées par la valeur ajoutée), auxquelles on ajoute les impôts sur les produits (par exemple, les droits de douane ou la TVA). On soustrait ensuite les subventions sur les produits.
- En **2007**, le **PIB français** s'élève à **1 892 milliards d'euros**.

2 - ÉVOLUTION DU PIB EN VOLUME DEPUIS 1980 (TAUX DE CROISSANCE ANNUEL EN %)

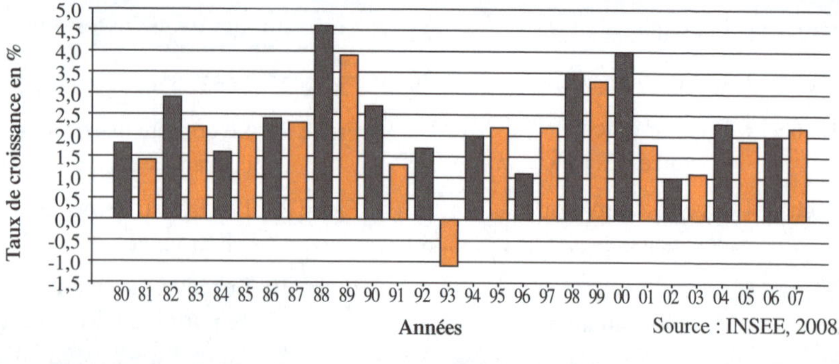

Source : INSEE, 2008.

- Le **taux de variation du PIB** permet de mesurer la **croissance économique**, c'est-à-dire l'augmentation durable de la production globale d'une économie. On calcule ce taux comme suit : $\frac{\text{PIB (année n +1)} - \text{PIB (année n)}}{\text{PIB (année n)}} \times 100$.

EXEMPLE

Si en 2000, le PIB d'un pays est de 1 000 milliards d'euros et en 2001 de 1 050 milliards d'euros, le taux de variation du PIB entre 2000 et 2001 est de :

$$\frac{(1\,050 - 1\,000) \times 100}{1\,000} = +\,5\ \%.$$

- La **croissance économique** est irrégulière ; elle prend la forme de **cycles**, caractérisés par la succession de phases d'accélération de la croissance (par exemple entre 1997 et 2000) et de ralentissement de la croissance (par exemple entre 2001 et 2003), voire de baisse de la production (comme en 1993).
- Depuis 2004, la **croissance française** enregistre une légère reprise. En moyenne, le PIB a augmenté d'environ 2 % par an entre 2005 et 2007.

3 - TAUX DE CROISSANCE ANNUELS MOYENS COMPARÉS

Pays	1961-1970	1971-1980	1981-1990	2005	2006	2007
France	5,6 %	3,3 %	2,5 %	1,9 %	2,2 %	2,2 %
Communauté européenne/ Union européenne	4,9 %	3 %	2,4 %	1,9 % [1]	3,1 % [1]	2,9 % [1]
États-Unis	4,2 %	3,2 %	3,2 %	3,1 %	2,9 %	2,2 %

Sources : OCDE, Commission européenne, Eurostat, INSEE, *Bilan du Monde 2008*, *Le Monde*, 2008.

1. UE à 27.

- Depuis les années 1970, on observe un ralentissement de la croissance des pays développés.
- Depuis les années 1980, les taux de croissance de la France sont généralement inférieurs à ceux des États-Unis.
- Les taux de croissance de la France sont globalement proches de ceux de l'Union européenne.

LA PRODUCTIVITÉ

⚠ DÉFINITION

La **productivité** est le rapport entre la **quantité produite** et la **quantité de facteurs de production** utilisée.

Le **travail** et le **capital** sont des facteurs de production. On peut donc calculer la **productivité du travail** et la **productivité du capital**.

Les indicateurs les plus souvent retenus sont :

– la **productivité apparente du travail** : $\frac{\text{valeur ajoutée}}{\text{effectif}}$

– la **productivité horaire apparente du travail** : $\frac{\text{valeur ajoutée}}{\text{nombre d'heures de travail effectuées}}$

1 - ÉVOLUTION RÉCENTE DE LA PRODUCTIVITÉ HORAIRE APPARENTE DU TRAVAIL

Années	2002	2003	2004	2005	2006
Taux de variation	3,10 %	1,20 %	0,60 %	1,40 %	2,40 %

Source : INSEE, comptes nationaux base 2000.

Après trois années consécutives de faible croissance, la **productivité horaire apparente du travail** a enregistré une augmentation plus soutenue en 2006.

2 - TENDANCES DE LONG TERME (1) (BASE 100 EN 1960)

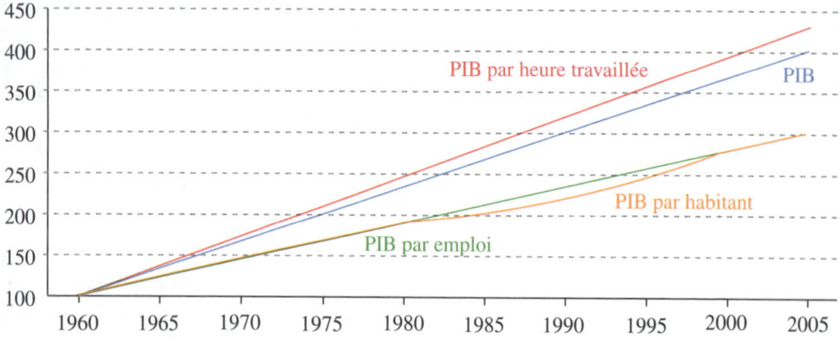

Source : *Les chiffres de l'économie 2008*, *Alternatives économiques*, hors série n° 74, octobre 2007.

(1) PIB en dollars 2006.

• Depuis 1960, la **production par emploi** et la **production par heure de travail** ont très **fortement augmenté** : un poste de travail produit 3 fois plus en 2006 qu'en 1960 ; une heure de travail 4,3 fois plus.

• Ces **gains de productivité**, favorisés par le progrès technique, sont les principaux facteurs de la **croissance du PIB** enregistrée sur cette période.

3 - PRODUCTIVITÉ HORAIRE DU TRAVAIL EN % DE CELLE DES ÉTATS-UNIS (2)

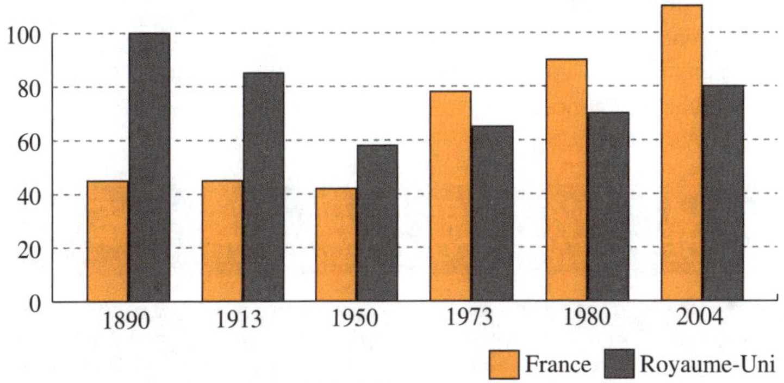

(2) Ensemble de l'économie ; en dollars PPA 1990.

Source : G. Cette, Y. Kocoglu et J. Mairesse, *Un siècle de croissance comparée de la productivité du travail en France, au Royaume-Uni et aux États-Unis*, juillet 2006.

• En 1890, la **productivité horaire du travail** était en France inférieure de moitié à celle des États-Unis et du Royaume-Uni. À partir de 1950, la productivité horaire du travail de la France s'est rapprochée de celle des États-Unis, pour finalement la dépasser. En 2004, une heure de travail produit 7 % de plus en France qu'aux États-Unis.

• *A contrario*, la productivité horaire du travail au Royaume-Uni ne représente plus aujourd'hui que 80 % de celle des États-Unis. Elle est donc largement inférieure à celle de la France. La productivité horaire française est aujourd'hui l'une des plus élevées au monde.

L'INVESTISSEMENT

⚠ DÉFINITION

L'investissement est l'acquisition de capital fixe par un agent économique, le capital fixe étant l'ensemble des biens ou services productifs dont la durée de vie est supérieure à un an (par exemple, les machines).

Pour l'ensemble de l'économie, l'investissement est mesuré par la **formation brute de capital fixe** (FBCF) ; elle comptabilise la valeur des biens matériels durables et des logiciels acquis pour être utilisés pendant au moins un an dans le processus de production.

La FBCF prend donc en compte essentiellement l'investissement matériel, et exclut certains investissements immatériels, comme les dépenses de formation ou de recherche-développement.

1 - LA FORMATION BRUTE DE CAPITAL FIXE DES AGENTS ÉCONOMIQUES (1)

Secteurs institutionnels	Valeur en milliards d'euros	Part (en %) dans le total de la FBCF
Sociétés non financières	212,2	52,2 %
Sociétés financières	15,4	3,8 %
Administrations publiques (État au sens large)	61,8	15,2 %
Ménages (hors entrepreneurs individuels)	114,2	28,1 %
Institutions sans but lucratif au service des ménages	2,7	0,7 %
FBCF (total des secteurs résidents)	**406,3**	**100 %**

(1) Données 2007.

• Les **sociétés non financières** réalisent la majeure partie de la FBCF (**51 %**). Le reste est pour l'essentiel assuré par les ménages (investissement en logement) et l'État (investissements collectifs).

2 - L'ÉVOLUTION DE L'INVESTISSEMENT (2)

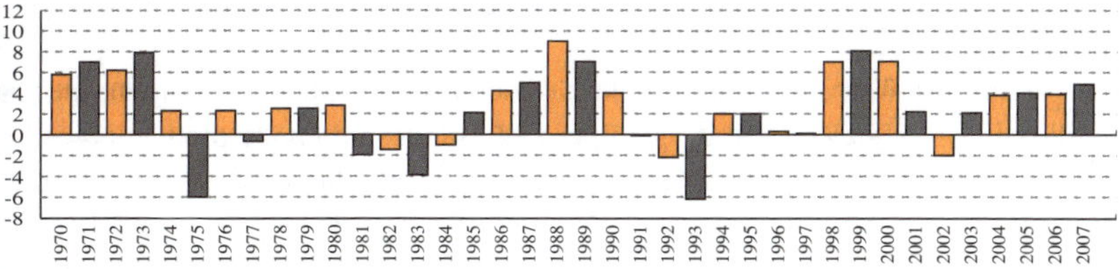

(1) FBCF en volume et en %. Source : INSEE, comptes nationaux annuels, 2008.

• Depuis 1974, l'**investissement** (mesuré par la FBCF) évolue de façon irrégulière. Ses variations cycliques sont en relation avec celles du PIB, mais généralement plus accentuées.

• Après avoir diminué en 2002, l'investissement est reparti à la hausse depuis 2003. Son taux de croissance en volume ne cesse d'augmenter, atteignant environ 5 % en 2007.

3 - LES INVESTISSEMENTS IMMATÉRIELS DANS L'INDUSTRIE MANUFACTURIÈRE

	Valeur en milliards d'euros	Part (en %) dans le total de l'investissement immatériel
Publicité	19,1	45,6 %
Formation	2,2	5,2 %
Logiciels	1,3	3,1 %
Recherche et développement	19,3	46,1 %
Total des investissements immatériels	**41,9**	**100 %**
Total des investissements matériels	**23,5**	

Source : Ministère de l'Industrie, 2005.

• En 2005, dans l'industrie, les entreprises ont dépensé deux fois moins pour s'équiper en matériel que pour leurs **investissements immatériels**. Parmi ces derniers, la **publicité** et la **recherche-développement** occupent la plus grande part (plus de 90 %).

• Les entreprises doivent faire face à une concurrence croissante ; leur compétitivité repose de plus en plus sur leur notoriété, la qualité et le contenu en innovation des produits industriels.

LES GROUPES FRANÇAIS (HORS BANQUES ET ASSURANCES)

DÉFINITION

Un groupe est formé d'un ensemble de sociétés dépendant d'un même centre de décision : **la société tête de groupe**. Les grandes unités de production et les petites et moyennes entreprises s'organisent de plus en plus selon ce type de structuration.

1 - LES 20 PRINCIPAUX GROUPES FRANÇAIS DE L'INDUSTRIE ET DES SERVICES EN 2007

	Groupes	Secteurs	Chiffre d'affaires	Effectifs
1	Total	Pétrole	158 752 000	96 442
2	Carrefour	Hypermarchés	82 148 000	490 042
3	PSA Peugeot Citroën	Automobiles	60 613 000	207 850
4	EDF	Énergie	59 637 000	158 640
5	France Télécom	Télécoms	52 960 000	187 331
6	Suez	Services	47 475 000	192 821
7	Saint-Gobain	Matériaux de construction	43 421 000	205 730
8	Renault	Automobiles	40 682 000	133 854
9	Auchan	Distribution	36 715 000	186 000
10	Intermarché	Distribution	32 700 000	130 000
11	Veolia Environnement	Services	32 628 000	319 502
12	Vinci	Bâtiments, Travaux publics	30 428 000	158 628
13	Leclerc E	Hypermarchés	30 000 000	85 000
14	Bouygues	Bâtiment, Travaux publics	29 613 000	134 081
15	Sanofi-Aventis	Pharmacie	28 052 000	99 495
16	Gaz de France	Énergie	27 427 000	47 560
17	Rallye	Distribution	25 755 000	165 975
18	Casino GP	Hypermarchés	24 972 000	159 946
19	Air France-KLM	Transports	24 114 000	104 659
20	SNCF	Transports	23 691 000	201 545

Source : d'après *L'Expansion*, www.lexpansion.com, 2008.

• Les groupes occupent une place importante dans l'économie française.
Ils sont fortement présents dans les secteurs très capitalistiques ou les industries de haute technologie comme l'automobile, la pharmacie, les télécommunications… Les groupes sont également implantés dans la grande distribution.
Généralement, une grande partie de leur chiffre d'affaires est réalisée à l'étranger.
• Les 100 plus grands groupes (10 000 salariés ou plus) emploient **40 % des effectifs** de la totalité des groupes (selon l'INSEE).

2 - GROUPES FRANÇAIS DANS LES 5 PREMIERS GROUPES MONDIAUX (1)

Rang mondial	Bâtiments et Travaux publics	Compagnies pétrolières	Énergie	Pharmacie, produits d'hygiène	Divertissement
1	**Vinci (France)**	Exxon Mobil (États-Unis)	Gazprom (Russie)	Johnson and Johnson (États-Unis)	Time Warner (États-Unis)
2	**Bouygues (France)**	Royal Dutch Shell (Pays-Bas, RU)	**GDF-Suez (France-Belgique)**	Pfizer (États-Unis)	**Vivendi (France)**
3	ACS (Espagne)	BP (Royaume-Uni)	**EDF (France)**	Glaxo SmithKline (Royaume-Uni)	New Corporation (États-Unis)
4	China Railway Group (Chine)	**Total (France)**	E. ONAG (Allemagne)	Roche Group (Suisse)	Bertelsmann (Allemagne)
5	China Railway Construction (Chine)	Chevron (États-Unis)	Gas Terra (Pays-Bas)	**Sanofi Aventis (France)**	Walt Disney Company (États-Unis)

(1) Exemple de cinq secteurs en 2008. Source : Fortune global 500, 2008.

• Les **groupes français de l'industrie et des services** sont assez bien implantés dans le monde, mais sont généralement classés derrière les groupes américains, japonais et allemands.
• Des groupes français figurent parmi les leaders dans des secteurs comme le bâtiment et les travaux publics, l'industrie agroalimentaire, la distribution, la pharmacie, les industries du luxe, mais aussi dans l'automobile (Peugeot et Renault), le transport aérien (KLM-Air France), les pneumatiques (Michelin), ou les télécommunications (France Télécom).

GROUPES BANCAIRES ET SOCIÉTÉS D'ASSURANCE

1 - CLASSEMENT ET MÉTIERS DES PRINCIPAUX GROUPES BANCAIRES FRANÇAIS

Rang	Banques	Principaux métiers
1	Crédit Agricole	Banque de particuliers, de financement, d'investissement, gestion d'actifs et banque privée, autres
2	BNP Paribas	Banque de particuliers, de financement, d'investissement, gestion d'actifs et banque privée
3	Société Générale	Banque de particuliers, de financement, d'investissement, gestion d'actifs et banque privée, autres
4	Caisse d'Épargne	Banque de particuliers, de financement, d'investissement
5	Crédit mutuel	Banque de particuliers
6	Banque populaire	Banque de particuliers, de financement, d'investissement

Source : d'après E. Jeffers et O. Pastre, *La Très Grande Bagarre bancaire Européenne*, Economica, 2005 et *L'Expansion*, 2008.

• Aujourd'hui, l'analyse bancaire passe par l'étude des principaux métiers des banques. Même si certains d'entre eux se recoupent, on peut distinguer :
– **les banques de financement ou d'investissement**. Elles offrent des services sophistiqués aux grandes entreprises (accès aux marchés de titres, conseils…) ;
– **les banques privées**. Elles se spécialisent notamment dans la gestion de fortune.

• Dans la plupart des métiers bancaires, la concurrence est de plus en plus continentale ou mondiale. Sur certains segments de marché (dérivés d'actions ou produits des taux) des groupes français (BNP Paribas, Société Générale) font partie des leaders mondiaux. En termes de bilan ou de fonds propres, BNP Paribas et le Groupe Crédit Agricole comptent parmi les dix premiers groupes bancaires mondiaux ; ils utilisent une large gamme de métiers bancaires.

2 - ÉVOLUTION DU CHIFFRE D'AFFAIRES (1) DE L'ASSURANCE FRANÇAISE (1998-2007)

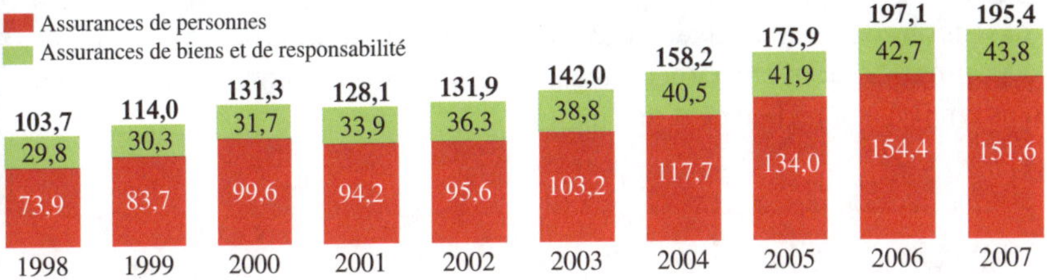

(1) En milliards d'euros.

Source : FFSA, 2008.

- Pour la première fois depuis 2001, on assiste à un léger recul de l'activité.
- D'après les données de Swiss Re et Sigma, **l'assurance française est au quatrième rang mondial** (6,3 % des cotisations collectées dans le monde), après les États-Unis (31,4 %), le Japon (12,4 %) et le Royaume-Uni (11,2 %).

3 - CLASSEMENT DES DIX PREMIERS GROUPES FRANÇAIS D'ASSURANCE EN 2007

Rang	Groupes	Cotisations en milliards d'euros
1	AXA	93,6
2	CNP	31,5
3	Crédit Agricole Assurances (Predica/Pacifica)	24,3
4	AGF	19,2
5	BNP Paribas Assurance	17,9
6	Generali France	15,5
7	Groupama	14,9
8	Covéa (GMF-MAAF-MMA)	12,9
9	SOGECAP	8,8
10	ACM	7,8

Source : FFSA, 2008.

Selon les données de la Fédération française des sociétés d'assurance, les cinq premiers groupes représentent 50,5 % du marché français et 78,9 % pour les dix premiers. Le phénomène de concentration est attesté même s'il est inférieur à celui de l'industrie et des services.

LA POPULATION ACTIVE

⚠ DÉFINITION

Au sens du BIT (Bureau international du travail), la **population active** comprend la **population active occupée** (ayant un emploi) et les **chômeurs** (personnes sans emploi à la recherche d'un emploi).

1 - ÉVOLUTION DU NOMBRE D'ACTIFS (EN MILLIERS)

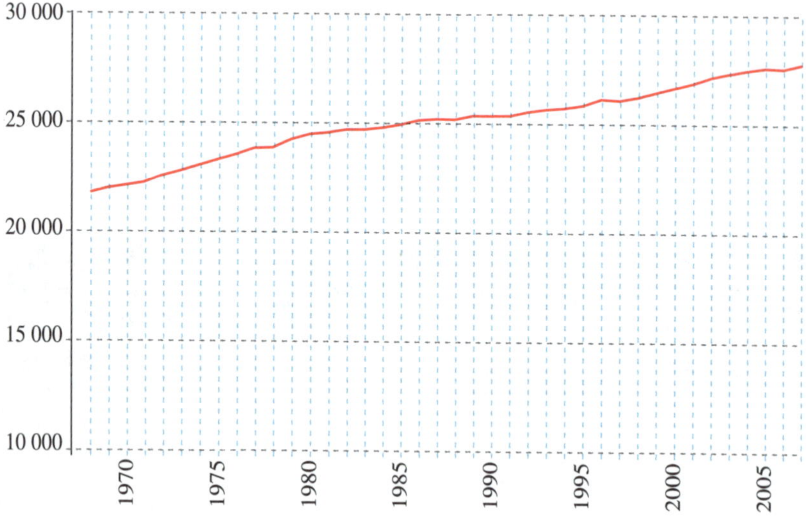

Source : INSEE, enquête Emploi, 2007.

• Depuis les années 1960, le **nombre d'actifs** n'a cessé de **croître**, passant de 21,8 millions en 1968 à **27,8 millions en 2007**, soit une progression de 6 millions de personnes en 39 ans.

• Selon l'enquête Emploi de l'INSEE, en 2007 la **population active occupée** s'élevait à **25,6 millions** de personnes et le **nombre de chômeurs** à **2,2 millions**.

2 - TAUX D'ACTIVITÉ PAR SEXE

	1975	1985	1995	2007
Femmes	51,5 %	55,6 %	59,9 %	65,3 %
Hommes	82,5 %	75,9 %	74 %	74,6 %

Source : INSEE, enquêtes Emploi, 2007.

• Le **taux d'activité** est le rapport entre le nombre d'actifs et la population totale correspondante en âge de travailler (c'est-à-dire entre 15 et 64 ans).

• Le taux d'activité des **femmes** n'a cessé de **progresser** : entre 15 et 64 ans, de plus en plus de femmes sont actives. Le taux d'activité des **hommes** a **fléchi**, bien qu'il se stabilise depuis une vingtaine d'années. Le taux d'activité des femmes demeure nettement inférieur à celui des hommes.

3 - TAUX D'ACTIVITÉ PAR ÂGE ET PAR SEXE

	1975	1985	1995	2005
Femmes				
15-24 ans	45,5 %	39,7 %	26,5 %	29,9 %
25-49 ans	58,6 %	70,8 %	78,3 %	81,1 %
50 ans et plus	42,9 %	39,8 %	43,9 %	54,6 %
Hommes				
15-24 ans	55,6 %	42,5 %	32,4 %	37,3 %
25-49 ans	97 %	96,5 %	95,5 %	94,4 %
50 ans et plus	79,5 %	64,5 %	58,6 %	63,6 %

Source : INSEE, enquête Emploi, 2006.

• Quel que soit le sexe, la tranche d'âge **25-49 ans** enregistre les **taux d'activité les plus élevés**.

• Quel que soit le sexe, et malgré une légère remontée au cours de la dernière décennie, le taux d'activité des plus jeunes a nettement diminué du fait de l'allongement de la durée des études.

• La progression de l'activité féminine concerne principalement les 25-49 ans, seule tranche d'âge pour laquelle on observe une augmentation constante.

LE CHÔMAGE

⚠ DÉFINITION

Au sens du Bureau international du travail, un **chômeur** est une personne sans emploi, qui en recherche un de façon active et qui est disponible immédiatement.

1 - TENDANCES LONGUES

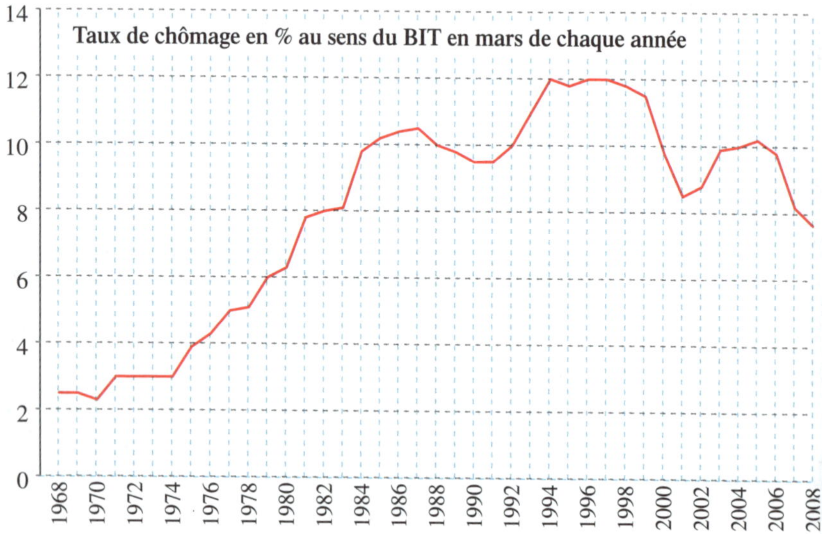

Source : Séries statistiques de l'INSEE, 2008.

Taux de chômage : $\dfrac{\textbf{population au chômage} \times 100}{\textbf{population active}}$

- Le **taux de chômage** connaît une progression spectaculaire depuis 1974 ; à partir de 1997, il enregistre une légère décrue, mais se maintient à un niveau élevé. Selon les données de l'INSEE le taux de chômage en France métropolitaine s'élevait à **7,3 %** au troisième trimestre 2008, ce qui représentait 2 035 000 personnes.
- La **durée moyenne du chômage** s'est, elle aussi, fortement accrue : elle a presque doublé, passant d'environ 8 mois en 1974 à **13,9 mois** en 2007.

2 - TAUX DE CHÔMAGE PAR SEXE ET PAR ÂGE

	Moyenne 2006	Moyenne 2007
Hommes		
15-29 ans	20,9 %	18,6 %
30-49 ans	7,0 %	6,6 %
50 ans et plus	5,8 %	5,2 %
Femmes		
15-29 ans	23,9 %	20,2 %
30-49 ans	9,0 %	8,1 %
50 ans et plus	6,2 %	5,6 %

Champ : France métropolitaine. Source : INSEE, enquêtes Emploi, 2008.

- En 2006 et 2007, les **femmes** sont **plus touchées** par le chômage que les hommes.
- Quel que soit le sexe, les actifs les plus âgés (50 ans ou plus) enregistrent les taux de chômage les plus bas ; les **plus jeunes** (15-29 ans) connaissent les taux de chômage **les plus élevés**.
- Entre 2006 et 2007, le chômage a reculé dans toutes les catégories d'âge et de sexe, et en particulier chez les jeunes de 15 à 29 ans.

3 - CIRCONSTANCES D'ENTRÉE DANS LE CHÔMAGE PAR SEXE EN 2005

	Femmes	Hommes
N'a jamais exercé d'activité régulière	16,7 %	15,5 %
Fin d'emploi à durée limitée	42,5 %	41,6 %
Démission	13,4 %	7,4 %
Rupture du contrat pour maladie ou invalidité	2,6 %	3,5 %
Licenciement	20,4 %	27,7 %
Autres circonstances	4,4 %	4,3 %
TOTAL	**100 %**	**100 %**

Source : *TEF*, INSEE, 2007.

- En 2005, quel que soit le sexe, la **première cause d'entrée dans le chômage** est la **fin d'emploi à durée limitée**.
- Les **démissions** sont beaucoup plus fréquentes chez les femmes que chez les hommes.
- Les **licenciements** touchent plus les hommes que les femmes et sont la deuxième cause d'entrée dans le chômage.

EMPLOIS TYPIQUES ET EMPLOIS ATYPIQUES

DÉFINITION

Un **emploi typique** associe deux caractéristiques : être à temps plein et en contrat à durée indéterminée (CDI). *A contrario*, l'**emploi atypique** ne satisfait pas à l'une des deux conditions : il peut donc s'agir d'un emploi à temps partiel ou d'un emploi à durée limitée.

1 - ÉVOLUTION DES DIFFÉRENTES FORMES D'EMPLOIS SALARIÉS

	1985 (en milliers)	2005 (en milliers)	Variation des effectifs 1985-2005	Part dans l'ensemble des salariés en 2005
Total des emplois typiques	15 506	16 045	3 ,5 %	72,3 %
Total des emplois atypiques Dont :	2 569	6 158	139,7 %	27,7 %
1) Emplois à durée limitée	778	3 030	289,5 %	13,6 %
Contrats à durée déterminée	318	1 713	192,1 %	7,7 %
Intérimaires	114	548	438,7 %	2,5 %
Apprentis	191	335	75,4 %	1,5 %
Stagiaires et contrats aidés	155	434	180 %	1,9 %
2) Emplois à temps partiel en CDI	1 791	3 128	74,6 %	14,1 %
Total des emplois salariés	**18 075**	**22 203**	**22,8 %**	**100 %**

Source : *L'état de la France, édition 2007-2008*, La Découverte, 2007

- De 1985 à 2005, le nombre d'emplois salariés a augmenté de près de 23 % mais cet **accroissement** a surtout concerné **l'emploi atypique** (+ 139,7 %) alors que l'emploi typique n'a que faiblement progressé (+ 3,5 %). Toutefois, la **grande majorité** des emplois salariés sont des **emplois typiques** (72,3 %).
- Parmi les emplois atypiques, l'**intérim** connaît la hausse la plus importante néanmoins, le **temps partiel** demeure la forme la plus répandue.
- On assiste à une **dualisation** de l'emploi : le marché du travail est segmenté entre un **marché primaire** concernant les salariés typiques, et un **marché secondaire** comprenant les formes atypiques d'emplois. L'activité salariale renvoie de plus en plus à une diversité de situations.

2 - PRIVÉ/PUBLIC : LES EMPLOIS À DURÉE LIMITÉE EN 2005

	Nombre d'emplois à durée limitée du secteur privé (en milliers)	Part dans l'ensemble des emplois à durée limitée du secteur privé	Nombre d'emplois à durée limitée du secteur public (en milliers)	Part dans l'ensemble des emplois à durée limitée du secteur public
Intérimaires	548	23,2 %	0	0 %
Apprentis	335	14,2 %	0	0 %
Contrats à durée déterminée	1 190	50,3 %	522	78,3 %
Stagiaires et contrats aidés	290	12,3 %	145	21,7 %
Total des emplois salariés	**2 363**	**100 %**	**667**	**100 %**

Source : *TEF*, enquête Emploi, INSEE, 2007.

- Le secteur privé utilise une variété plus importante de formes d'**emplois à durée limitée** alors que le secteur public se limite à deux catégories (CDD, stages et contrats aidés).
- Parmi les emplois à durée limitée, les deux secteurs ont majoritairement recours au **contrat à durée déterminée**.

LA DURÉE DU TRAVAIL

⚠ DÉFINITION

La **durée du travail** peut être évaluée de plusieurs façons :

– La **durée collective hebdomadaire du travail** correspond à l'horaire collectif de travail, commun à un groupe de salariés, tel qu'il est affiché sur leur lieu de travail. Elle ne s'applique qu'aux salariés à temps complet. Elle est mesurée par l'enquête ACEMO (Activité et conditions d'emploi de la main-d'œuvre) de la DARES.

– La **durée individuelle effective du travail**, définie par le Bureau international du travail, correspond au **nombre d'heures effectivement réalisées** au cours d'une semaine de référence : elle inclut donc toutes les heures travaillées, y compris les heures supplémentaires rémunérées ou non, mais elle exclut les heures non travaillées pour cause de congés annuels, jours fériés, maladie, accidents, maternité, paternité. Le temps de déplacement entre le domicile et le travail, ainsi que les temps de repas, ne sont pas pris en compte.

1 - ÉVOLUTION DE LA DURÉE COLLECTIVE HEBDOMADAIRE DU TRAVAIL (1)

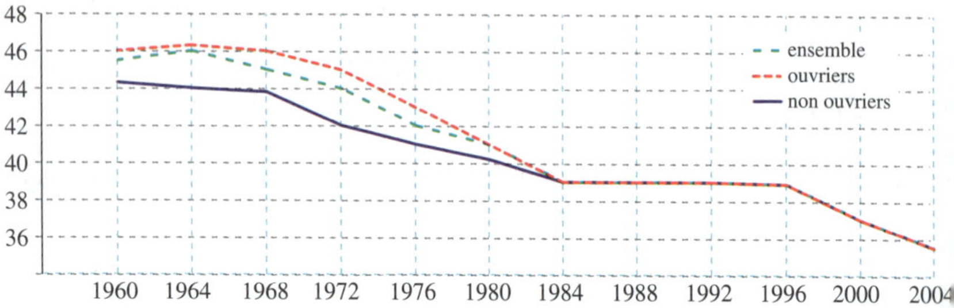

(1) En heures par salarié, dans les entreprises de 10 salariés et plus du secteur marchand non agricole.

Source : Enquêtes ACEMO, 2006.

• Depuis les années 1960, on observe une tendance à la **baisse** de la **durée collective hebdomadaire du travail**, qui passe de **46 heures** en **1962** à **moins de 36 heures** en **2004**.

• La durée hebdomadaire du travail a fortement diminué au cours des années 1970 ; après une pause, ce mouvement de baisse a repris entre la fin des années 1990 et le début des années 2000 sous l'effet de la mise en place des 35 heures hebdomadaires (lois Aubry I et II).

2 - COMPARAISON EUROPÉENNE DE LA DURÉE MOYENNE EFFECTIVE DU TRAVAIL (2)

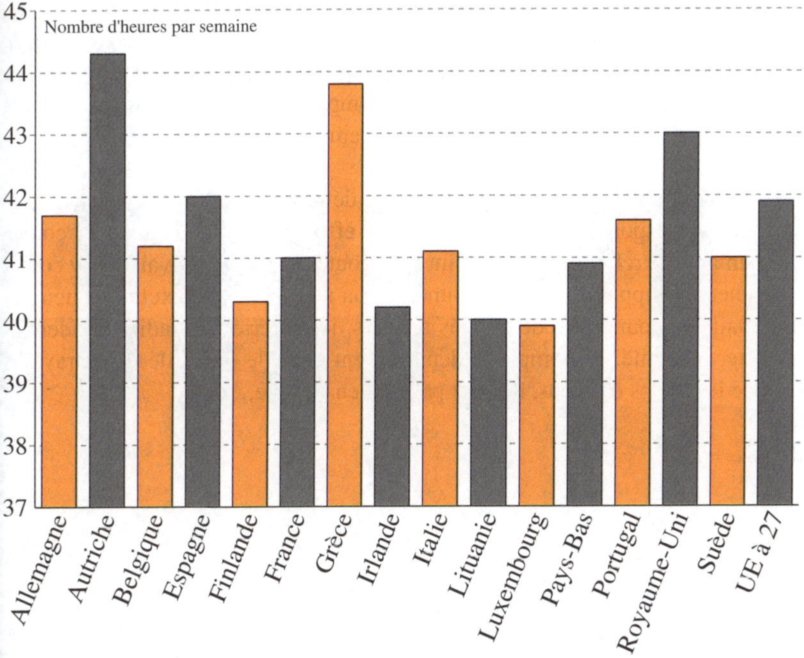

(2) Nombre d'heures travaillées par semaine en 2007, y compris les heures supplémentaires de l'ensemble des personnes en emploi à temps plein.

Source : Eurostat, 2008.

- Si l'on considère l'ensemble des personnes en emploi **à temps plein, la durée moyenne hebdomadaire effective du travail** en France est généralement **inférieure** à celle des autres pays de **l'Union européenne**. Avec 41,8 heures par semaine en 2007, la durée moyenne du travail dans l'UE est supérieure d'environ une heure à celle de la France.
- L'Autriche et la Grèce enregistrent les durées hebdomadaires les plus élevées ; la Lituanie et le Luxembourg sont les pays où la durée du travail est la plus courte.
- D'autres évaluations du temps de travail effectif sont possibles : en considérant tous les types d'emplois (**temps partiels**…), la durée hebdomadaire du travail est en France **supérieure** à celle de nombreux autres pays européens (Allemagne, Pays-Bas, Danemark).

LE REVENU DES MÉNAGES

⚠ DÉFINITION

Les **revenus primaires** comprennent les revenus liés à une participation des ménages à la production. Ils sont composés de la rémunération du travail effectué par le propriétaire d'une entreprise individuelle (revenu mixte), de la rémunération des salariés et des revenus du patrimoine (intérêts, dividendes, revenus fonciers…).

1 - COMPOSITION ET ÉVOLUTION DU REVENU PRIMAIRE BRUT

	1980	1990	2000	2006	2007 (p)
Revenus mixtes et EBE (1)	20,9 %	20,5 %	19,8 %	20,3 %	20,8 %
Salaires	73,3 %	71 %	71,2 %	70,8 %	70,3 %
Revenus du patrimoine	5,8 %	8,5 %	9 %	8,9 %	8,9 %
Total du revenu primaire brut	**100 %**	**100 %**	**100 %**	**100 %**	**100 %**
Revenu primaire brut (en milliards d'euros)	**340,1**	**753,9**	**1 059,3**	**1 332,8**	**1 399,6**

(1) Excédent brut d'exploitation.
(p) Prévision.

Source : *TEF*, comptes nationaux, base 2000, INSEE, 2008.

• En **27 ans**, la croissance économique a permis une **augmentation considérable du revenu primaire**. Les salaires représentent la majeure partie de ce revenu ; néanmoins les revenus du patrimoine voient leur part augmenter de manière significative.

2 - DU REVENU PRIMAIRE BRUT AU REVENU DISPONIBLE BRUT

	1980	1990	2000	2006	2007 (p)
Revenu primaire brut	**100 %**	**100 %**	**100 %**	**100 %**	**100 %**
Prélèvements obligatoires dont :	**– 34,3 %**	**– 37,9 %**	**– 39,9 %**	**– 39,5 %**	**– 38,8 %**
Impôts sur le revenu et le patrimoine	– 6,9 %	– 7,6 %	– 12,6 %	– 11,8 %	– 11,4 %
Cotisations sociales	– 27,4 %	– 30,3 %	– 27,3 %	– 27,7 %	– 27,4 %
Revenus de transfert	**+ 22,6 %**	**+ 26,1 %**	**+ 27 %**	**+ 28,1 %**	**+ 27,7 %**
Revenu disponible brut	**88,3 %**	**88,2 %**	**87,1 %**	**88,6 %**	**88,9 %**

(p) Prévision.

Source : *TEF*, comptes nationaux, base 2000, INSEE, 2008.

• Le **revenu disponible** est la part du revenu qui reste à la disposition des ménages pour la consommation et l'épargne.
Il se calcule comme suit :

Revenu disponible =
revenu primaire brut – prélèvements obligatoires + revenus de transfert

■ EXEMPLE

En 2007, pour 100 euros de revenus primaires :
– les **prélèvements obligatoires** représentent **38,8 %** du **revenu primaire brut** soit 38,80 euros ;
– les **revenus de transfert** issus des mécanismes de redistribution (prestations sociales) représentent **27,7 %** du **revenu primaire** soit 27,70 euros ;
– le **revenu disponible** est donc équivalent à **88,9 %** du **revenu primaire**, soit 88,90 euros (100 – 38,8 + 27,7).

• Depuis 1980, la part du revenu disponible dans le revenu primaire est restée stable. L'augmentation du poids des impôts a été compensée par celle des revenus de transfert.

1 - SALAIRES ANNUELS MOYENS NETS SELON LA CATÉGORIE SOCIOPROFESSIONNELLE

	Montant annuel en euros courants (2006)
Cadres (y compris les chefs d'entreprise salariés)	46 221
Professions intermédiaires	23 582
Employés	16 327
Ouvriers	17 064
Ensemble	**23 261**

Source : *TEF*, DADS, INSEE, 2008.

• En 2006, le **salaire moyen net** s'élevait à 23 261 euros pour un poste à temps complet dans les entreprises privées ou semi-publiques (**1 938,42 euros** par mois).
Le salaire des cadres est en moyenne 2,8 fois plus élevé que celui des employés.
• Le **salaire médian** désigne le palier divisant l'ensemble des salariés en deux parties égales.
En 2006, la moitié des salariés à temps complet des secteurs privé et semi-public perçoivent moins de **1 552 euros** net par mois.

2 - LE SMIC

• Le **salaire minimum interprofessionnel de croissance (SMIC)** est le salaire horaire en dessous duquel il est interdit de rémunérer un salarié ; il est fixé par le gouvernement.
• Au 1er juillet 2007, 12,9 % des salariés étaient rémunérés sur la base du SMIC.
Depuis le 1er juillet 2008, le montant du SMIC horaire brut est de 8,71 euros soit 1 321,02 euros mensuels (sur la base de 35 heures hebdomadaires).

3 - ÉCHELLE DES SALAIRES TOUS TEMPS DE TRAVAIL CONFONDUS (1)

	Hommes	Femmes	Ensemble
10 % des salariés touchent moins de	302 euros	114 euros	182 euros
50 % des salariés touchent moins de	1 359 euros	1 045 euros	1 220 euros
90 % des salariés touchent moins de	2 796 euros	2 034 euros	2 434 euros
Rapport entre les 90 % et les 10 %	**9**	**18**	**13**

(1) En euros mensuels 2006. Source : *Alternatives économiques*, hors série n° 74, octobre 2007.

- En France, en 2006, la moitié des salariés gagnent moins de 1 220 euros par mois tous temps de travail confondus, et moins de 1 429 euros pour les salariés à temps complet.
- Quelle que soit la tranche de salaire, celui des femmes est inférieur à celui des hommes.
- L'inégalité est deux fois plus élevée chez les femmes que chez les hommes.

LES MINIMA SOCIAUX

⚠ DÉFINITION

Les **minima sociaux** sont des prestations sociales versées sans contrepartie de cotisations. Ils offrent un minimum de ressources aux personnes en situation de précarité.

1 - LES MINIMA EN CHIFFRES

	Nombre d'allocataires en 2006
Allocation d'insertion ou allocation temporaire d'attente	22 483
Allocation supplémentaire d'invalidité (personnes âgées)	111 394
Allocation de parent isolé	217 452
Allocation aux adultes handicapés	803 963
Allocation supplémentaire vieillesse	598 541
Revenu minimum d'insertion	1 278 753
Allocation de solidarité spécifique (chômeurs en fin de droit)	393 236
Allocation équivalent retraite	60 111
Allocation veuvage (supprimée depuis 2003)	6 119
Revenu de solidarité	10 991
Ensemble des allocataires en métropole et DOM	**3 503 043**

Source : CNAF, MSA, UNEDIC, CNAMTS, CNAV, 2007.

- En 2006, en prenant en compte les départements d'outre-mer, **3 503 043 personnes** reçoivent des minima sociaux, mais ce sont **plus de 6 millions d'individus** qui en vivent (conjoints, enfants…).
- Parmi les allocataires des minima sociaux, ceux qui perçoivent le **RMI** représentent la part la plus importante (**36,5 %** du total).

2 - ÉVOLUTION DU NOMBRE DE TITULAIRES DU REVENU MINIMUM D'INSERTION

	Nombre de titulaires de RMI	Variation annuelle en %
Décembre 1990	496 285	
Décembre 1997	1 045 303	
Décembre 1998	1 087 861	4,1 %
Décembre 1999	1 120 251	3 %
Décembre 2000	1 072 258	– 4,3 %
Décembre 2001	1 051 725	– 1,9 %
Décembre 2002	1 068 923	1,6 %
Décembre 2003	1 120 844	4,9 %
Décembre 2004	1 215 300	8,4 %
Décembre 2005	1 266 400	4,2 %
Décembre 2006	1 255 500	– 0,9 %
Septembre 2007	1 176 000	– 7,2 %
Septembre 2008	1 130 000	– 4 %

Source : CNAF, Direction des statistiques, des études et de la recherche, 2008.

- La loi sur le RMI (1988) garantit un revenu minimum à toute personne d'au moins 25 ans dont les ressources n'atteignent pas un certain montant. Au 1er janvier 2008, le RMI s'élève à 447,91 euros pour une personne seule sans enfant et 671,87 euros pour un couple sans enfant.
- De **décembre 1990 à décembre 2005** (son plus haut point), le **nombre de titulaires du RMI** a plus que **doublé**.
- Au cours de la période 1997-2001, il tend à se stabiliser, voire à diminuer très légèrement, en particulier grâce à la croissance économique. En favorisant les créations d'emplois, celle-ci a permis à de nombreux allocataires de sortir du statut de Rmistes.
- De 2002 à 2005, on assiste à une nouvelle montée du nombre d'allocataires, conséquence du ralentissement de la croissance et de l'augmentation du chômage. Le nombre de Rmistes s'est aussi accru du fait des restrictions croissantes à l'indemnisation des demandeurs d'emploi : des allocataires de l'assurance-chômage deviennent des Rmistes.
- Les années **2006-2008** enregistrent une **diminution du nombre de Rmistes**, en partie due à la baisse du chômage.

FICHE 13 POUVOIR D'ACHAT ET INDICE DES PRIX

⚠ DÉFINITION

Le **pouvoir d'achat du revenu** est la quantité de biens et de services que l'on peut acheter avec le revenu disponible brut (RDB).

1 - POUVOIR D'ACHAT, REVENU ET PRIX

Revenu disponible brut | Prix des produits consommés

↓

Pouvoir d'achat

L'évolution du pouvoir d'achat est liée à celle des **revenus** et des **prix** :
– si l'augmentation du revenu disponible brut est supérieure à l'augmentation des prix des produits consommés, le pouvoir d'achat augmente ;
– si l'augmentation du revenu disponible brut est inférieure à l'augmentation des prix des produits consommés, le pouvoir d'achat diminue.

2 - L'ÉVOLUTION DES PRIX (1)

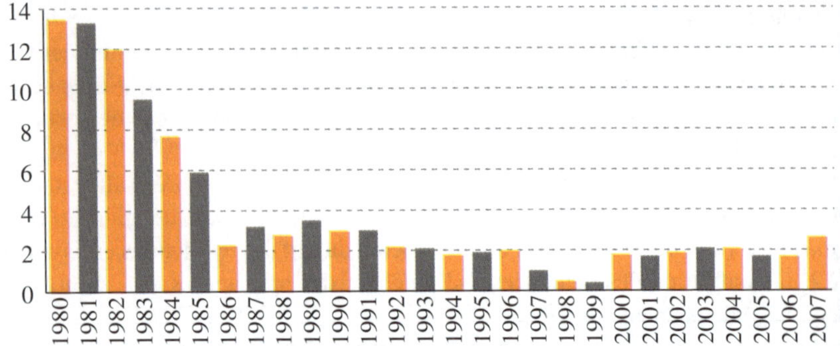

(1) Indice des prix à la consommation, variation annuelle en %.

Source : *Alternatives économiques*, hors série n° 74, octobre 2007.

• **L'indice des prix à la consommation** est un indicateur qui mesure de manière imparfaite **l'inflation**, c'est-à-dire l'augmentation générale et durable des prix.
L'indice des prix de l'INSEE représente l'évolution des prix d'un panier de biens et de services achetés par un ménage moyen ; il ne rend pas compte de la diversité des modes de consommation des ménages. D'autres indices sont donc proposés ; par exemple, l'INSEE calcule un indice des prix pour les ménages urbains dont le chef est ouvrier ou employé.

• Selon l'INSEE, la hausse des prix a été très forte jusqu'aux années 1980. Depuis le milieu des années 1980, **l'inflation** a considérablement diminué.
En 2007, on assiste à une reprise de l'inflation. L'indice des prix à la consommation a évolué de 2,6 % entre décembre 2006 et décembre 2007 ; cette inflation est principalement due à l'augmentation des prix de l'alimentation et des produits pétroliers.

3 - L'ÉVOLUTION DU POUVOIR D'ACHAT

	2003	2004	2005	2006	2007
Évolution en % du revenu disponible brut (RDB)	2,6	4,1	3,5	4,8	5,4
Évolution en % des prix de la dépense de consommation	1,8	1,9	1,8	2,2	2
Évolution en % du pouvoir d'achat du RDB	**0,8**	**2,2**	**1,7**	**2,6**	**3,3**

Source : D'après le *TEF*, INSEE, 2007 et 2008.

Ces dernières années, le revenu disponible brut (RDB) a augmenté plus rapidement que l'indice des prix. D'où un **accroissement du pouvoir d'achat moyen** qui, cependant, reste modeste.
Cette augmentation générale peut cacher des **évolutions divergentes** selon les situations individuelles. Ainsi, 40 % des salariés voient chaque année leur pouvoir d'achat baisser, principalement en raison de la réduction de leur durée de travail.

LA CONSOMMATION DES MÉNAGES

⚠ DÉFINITION

La **dépense de consommation des ménages** correspond aux dépenses que les ménages supportent directement.

1 - ÉVOLUTION DE LA DÉPENSE ET DU POUVOIR D'ACHAT DES MÉNAGES (1)

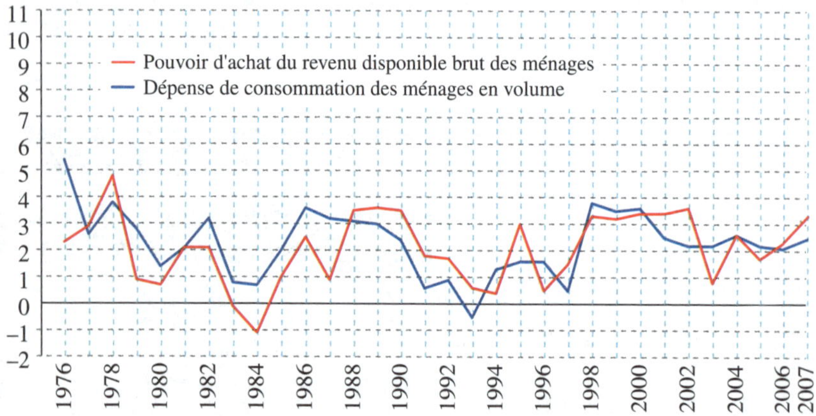

(1) Variation par rapport à l'année précédente en %.

Source : *TEF*, Comptes nationaux, base 2000, INSEE, 2007.

• **L'évolution de la dépense des ménages** est généralement liée à celle du **pouvoir d'achat du revenu disponible brut**. Au cours des années 1960-1973, la forte progression du pouvoir d'achat permettait une hausse rapide de la consommation des ménages (supérieure à 4 % par an) ; depuis la deuxième moitié des années 1970, la consommation augmente moins vite (généralement à un rythme annuel inférieur à 4 %), en raison principalement du ralentissement des gains de pouvoir d'achat.

• Cependant, le lien entre les deux variables est imparfait. Dans certains cas (1980-1987), l'accroissement du pouvoir d'achat des ménages est inférieur à l'augmentation de leurs dépenses : les ménages puisent dans leur épargne (ils désépargnent). À d'autres périodes, l'accroissement du pouvoir d'achat des ménages est supérieur à l'augmentation de leurs dépenses : les ménages reconstituent leur épargne.

2 - ÉVOLUTION DES POSTES DE CONSOMMATION DES MÉNAGES

➥ **Part de chaque poste dans le total de la dépense de consommation des ménages (coefficient budgétaire)**

	1997	2007
Alimentation et boissons non alcoolisées	14,9 %	13,4 %
Boissons alcoolisées et tabac	3,4 %	2,9 %
Articles d'habillement et chaussures	5,7 %	4,6 %
Logement, chauffage, éclairage	23,8 %	25,4 %
Équipement du logement	6,2 %	6 %
Santé	3,3 %	3,5 %
Transport	14,5 %	14,6 %
Communication	2 %	2,7 %
Loisirs et culture	8,8 %	9,3 %
Éducation	0,7 %	0,8 %
Hôtels, cafés et restaurants	5,9 %	6,2 %
Autres biens et services et correction territoriale	10,8 %	10,6 %
Total (2)	**100 %**	**100 %**

(2) Dans ce tableau, la part socialisée des dépenses de santé et d'éducation n'est pas prise en compte.

Source : *TEF*, Comptes nationaux, base 2000, INSEE, 2008.

• En 1997 et 2007, la plus grande partie du budget des ménages est consacrée au **logement**, aux **transports** et aux **dépenses alimentaires** (en 2007, **53,4 % du total**).

• Entre ces deux dates, la **structure de la consommation** s'est **légèrement modifiée** :

– hausse de la part des postes logement, communications, loisirs et culture, hôtels, cafés et restaurants ;

– diminution de la part de l'alimentation, des boissons et du tabac, des articles d'habillement et chaussures.

EXEMPLES DE CONSOMMATION

1 - CONSOMMATION DES PRODUITS DES TIC (1)

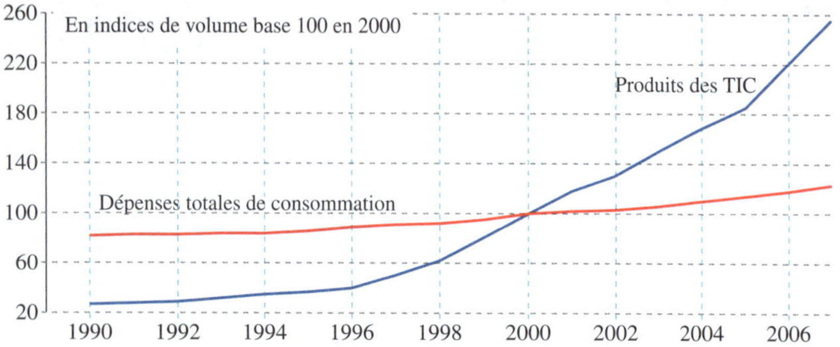

(1) Technologies de l'information et de la communication. Source : *TEF*, INSEE, 2008.

- De 1998 à 2007, les dépenses totales de consommation ont augmenté lentement, alors que la **consommation des TIC a plus que quadruplé**.
- Cet essor des TIC est le moteur essentiel de la consommation : en 2007, les TIC expliquent un quart de la hausse globale de la consommation des ménages.
- Les plus fortes évolutions concernent les **achats de téléviseurs (environ + 50 %)** et la **consommation de matériel informatique (+ 23,2 %)**, stimulée par les ventes d'ordinateurs portables.

2 - ÉQUIPEMENT DES MÉNAGES EN MULTIMÉDIA SELON LA CSP (2) EN 2006

	Micro-ordinateurs	Connexion à Internet
Agriculteurs exploitants	58,6 %	38,8 %
Artisans, commerçants, chefs d'entreprise	79,5 %	62,5 %
Cadres et professions intellectuelles supérieures	90,8 %	82,9 %
Professions intermédiaires	83,5 %	66,9 %
Employés	63,4 %	47,9 %
Ouvriers (y compris ouvriers agricoles)	57,4 %	37,7 %
Retraités	22,5 %	16,3 %

(2) CSP ; catégorie socioprofessionnelle. Source : *TEF*, INSEE, 2008.

• La **détention d'un micro-ordinateur** et la **connexion à Internet** diffèrent fortement selon les catégories socioprofessionnelles :
– Les retraités sont nettement moins équipés que les actifs.
– Les catégories à revenu et niveau d'études élevés (cadres) sont davantage équipées que les catégories à revenu et niveau d'études plus faibles (ouvriers).

3 - CONSOMMATION MOYENNE DE QUELQUES PRODUITS ALIMENTAIRES PAR PERSONNE

	1980	2006
Pain (en kg)	70,6	53,7
Vins courants (en litres)	77,1	24,8
Vins AOC (en litres)	14,9	23,6

Source : *TEF*, Comptes nationaux, base 2000, INSEE, 2008.

De 1980 à 2006, les **modes d'alimentation** se sont transformés. La consommation du pain diminue d'un quart et la consommation de vin de moitié ; le consommateur substitue en partie le vin de qualité aux vins courants.

FICHE 16 LE BUDGET DE L'ÉTAT

⚠ DÉFINITION

L'**État** peut se définir de manière étroite (État central) ou large (ensemble des administrations publiques).

Le **budget de l'État** décrit l'ensemble des prévisions chiffrées couvrant, généralement pour une année, les activités de l'État.

1 - LES ADMINISTRATIONS PUBLIQUES

ÉTAT CENTRAL (+ODAC (1))

ADMINISTRATIONS DE SÉCURITÉ SOCIALE

ADMINISTRATIONS PUBLIQUES LOCALES

↓

ENSEMBLE DES ADMINISTRATIONS PUBLIQUES (État au sens large)

(1) ODAC : organisme divers d'administration centrale.

Le budget de l'État présente les recettes et les dépenses de l'État central (définition étroite) et celles des autres administrations publiques, telles que les collectivités territoriales et les organismes de Sécurité sociale (définition large).

2 - CAPACITÉ OU BESOIN DE FINANCEMENT DES ADMINISTRATIONS PUBLIQUES (2)

	2004	2007
État + ODAC	– 43,3	– 41,8
Administrations publiques locales	– 2,4	– 7,2
Administrations de Sécurité sociale	– 14,6	– 1,6
Ensemble des administrations publiques	**– 60,2**	**– 50,6**

(2) en milliards d'euros.

Source : D'après le *TEF*, INSEE, 2008.

L'ÉTAT

Entre 2004 et 2007, le **déficit des administrations publiques** (appelé également **déficit public**) s'est **réduit d'environ 10 milliards d'euros.**
Le besoin de financement de l'État central a légèrement diminué ; celui des administrations de Sécurité sociale s'est fortement contracté. À l'opposé, le déficit des collectivités locales s'est aggravé.

3 - COMPARAISON INTERNATIONALE DES DÉFICITS PUBLICS EN 2007 (3)

États-Unis	Allemagne	France	Royaume-Uni	Italie	Japon
– 3	**0**	**– 2,7**	**– 3**	**– 1,9**	**– 2,4**

(3) En % du PIB.

La plupart des **grands pays industrialisés** connaissent un **déficit public** en 2007. La France se situe au-dessus de la moyenne des six pays (2,2 % du PIB). Avec la récession actuelle, les déficits publics risquent de s'aggraver.

FICHE 17

LES RECETTES DE L'ÉTAT

1 - LES PRÉLÈVEMENTS OBLIGATOIRES

Impôts directs et indirects + Cotisations sociales

↓

Recettes des administrations publiques
(prélèvements obligatoires)

• Les **prélèvements obligatoires** représentent l'essentiel des recettes des administrations publiques. Ils regroupent :
– les **impôts** (directs et indirects) qui financent le budget de l'État central et les collectivités locales (taxe d'habitation…).
– les **cotisations sociales**, la **CSG** (contribution sociale généralisée) et la CRDS (contribution au remboursement de la dette sociale), qui financent la protection sociale.

2 - IMPÔTS DIRECTS ET INDIRECTS (1)

	2000	2006
Impôts directs dont :	**40,9 %**	**39,5 %**
Impôts sur le revenu	*18 %*	*17,2 %*
Impôts sur les sociétés	*15,2 %*	*17,4 %*
Autres impôts directs	*7,7 %*	*4,9 %*
Impôts indirects dont :	**59,1 %**	**60,7 %**
Enregistrement, timbres et bourse	*4,9 %*	*6 %*
Taxe intérieure sur les produits pétroliers (TIPP)	*8,2 %*	*5,5 %*
Taxe sur la valeur ajoutée (TVA)	*45 %*	*48,9 %*
Autres impôts indirects	*1 %*	*0,3 %*
Total	**100 %**	**100 %**
Recettes fiscales brutes	**296,2 milliards d'euros**	**340,1 milliards d'euros**

(1) Structure des recettes fiscales brutes du budget général de l'État.

Source : *TEF*, INSEE, 2008.

• Les **impôts indirects** représentent **plus de 60 % des recettes** de l'État central.
• La **TVA** fournit **près de la moitié** du total des **recettes**.
• Les **recettes fiscales de l'État** proviennent **de moins en moins** de l'**impôt sur le revenu** (à la suite des mesures d'allégement décidées par les gouvernements successifs) et de la **TIPP**.
• Les ressources tirées de la **TVA** (stimulées par la consommation des ménages) et de l'**impôt sur les sociétés** (alimentées par la progression des bénéfices des entreprises) prennent une place **croissante**.

3 - TAUX DE PRÉLÈVEMENTS OBLIGATOIRES AU SEIN DE L'UE EN 2006 (2)

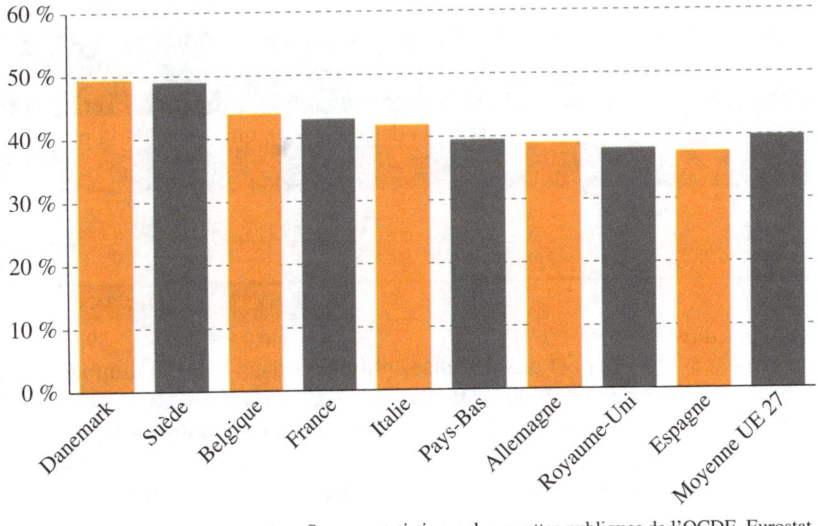

(2) En % du PIB.

Source : statistiques des recettes publiques de l'OCDE, Eurostat.

• En 2006, les **prélèvements obligatoires** représentent environ 40 % du PIB dans l'Union européenne à 27. Avec un niveau de **43,9 % du PIB**, la France se situe largement au-dessus de cette moyenne, de même que le Danemark et la Suède.
• En revanche, l'Espagne et le Royaume-Uni enregistrent des taux de prélèvements fiscaux et sociaux plus bas que la moyenne européenne.

FICHE 18

LES DÉPENSES DE L'ÉTAT

1 - LES DÉPENSES DES ADMINISTRATIONS PUBLIQUES EN 2007

État central + ODAC		Administrations publiques locales		Administrations de Sécurité sociale
446,9 milliards d'euros	+	*212,2 milliards d'euros*	+	*459,7 milliards d'euros*

2 - PART DES DÉPENSES PUBLIQUES DANS LE PIB (EN %)

1996	2000	2002	2004	2006	2007
55,5	**52,7**	**54**	**53,2**	**52,7**	**52,4**

Sources : OCDE, 2006 ; *TEF*, INSEE, 2008.

• De 1996 à 2000, la **part des dépenses publiques** dans le PIB a diminué ; elle tend à remonter depuis 2000, sous l'effet du ralentissement de la croissance économique. Le niveau atteint en 2007 est **inférieur de 3,1 points** à celui obtenu **onze ans auparavant**, en raison notamment des mesures d'économies budgétaires (par exemple la modération salariale dans la Fonction publique).

• En 2007, la **part des dépenses publiques** dans le PIB en France se situe **au-dessus de la moyenne de la zone euro**. Au sein de l'OCDE, seule la Suède enregistre un niveau relatif de dépenses publiques similaire à celui de la France. C'est essentiellement le poids du système de **protection sociale** qui explique cette situation particulière de la France, et non l'importance des dépenses de l'État central ou des collectivités territoriales.

3 - LES DÉPENSES DE L'ÉTAT CENTRAL EN 2009 (1)

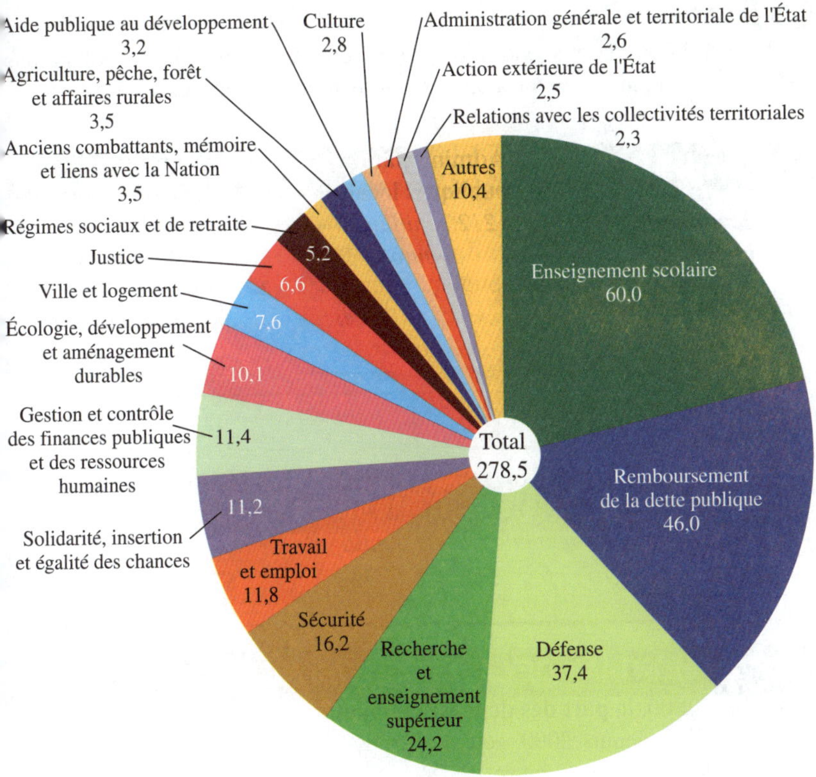

(1) Crédits de paiement (en milliards d'euros), projet de loi de finance 2009 ; ministère des comptes publics.
Source : *Les chiffres de l'économie 2009, Alternatives économiques*, hors série n° 78, 2008.

• L'**enseignement scolaire** est le premier poste des dépenses budgétaires de l'État (**21,5 % du total**) ; toutefois, la part de la **dépense intérieure d'éducation** par rapport au PIB (dépenses de l'État, des collectivités territoriales, des parents et des entreprises pour l'éducation et la formation) tend à **diminuer** depuis 1993 (de 7,6 % du PIB en 1995 à 6,8 % en 2006).

• La **charge de la dette** (engagements financiers de l'État) est aujourd'hui le deuxième poste des dépenses de l'État (16,5 % du total).

La **charge de la dette** représente le remboursement annuel de la dette publique (intérêts + capital).

LA DETTE PUBLIQUE

⚠ DÉFINITION

La **dette publique** correspond à l'ensemble des emprunts publics (obligations d'État par exemple), contractés par les administrations publiques.

1 - LA DETTE PUBLIQUE EN FRANCE EN 2006

État central + ODAC
1 027,4 milliards d'euros

\+

Administrations publiques locales
135,7 milliards d'euros

\+

Administrations de Sécurité sociale
46,4 milliards d'euros

↓

ENSEMBLE DES ADMINISTRATIONS PUBLIQUES (État au sens large)
*Dette totale : **1 209,5 milliards** d'euros*

Source : INSEE, comptes nationaux base 2000.

2 - MONTANT DE LA DETTE PUBLIQUE (1) (1980-2008)

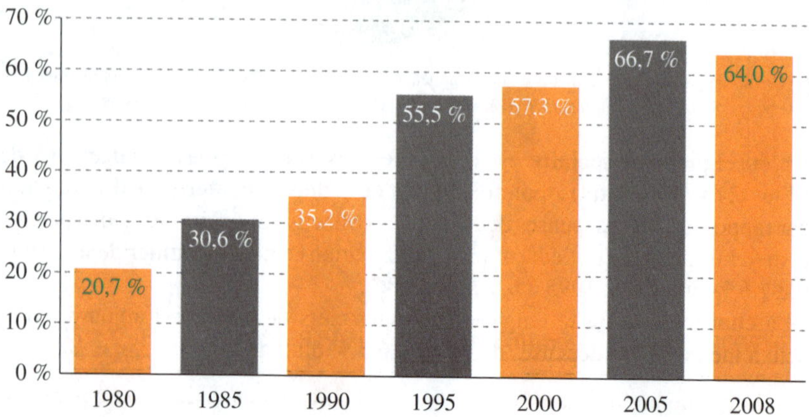

(1) En % du PIB.

Source : « Le budget de l'État 2008 », *Les notes bleues de Bercy*, 2008.

• En euros constants, c'est-à-dire en éliminant l'effet de l'inflation, la **dette publique** a quintuplé en 28 ans. Elle représente **64 % du PIB** fin 2008 contre **20,7 %** à la fin de **1980**.
• L'augmentation de la dette publique se traduit par un cercle vicieux :

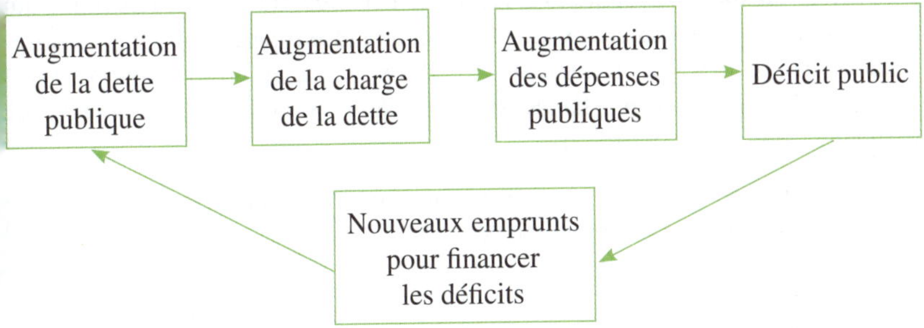

3 - LA DETTE PUBLIQUE AU SEIN DE L'UNION EUROPÉENNE EN 2007 (2)

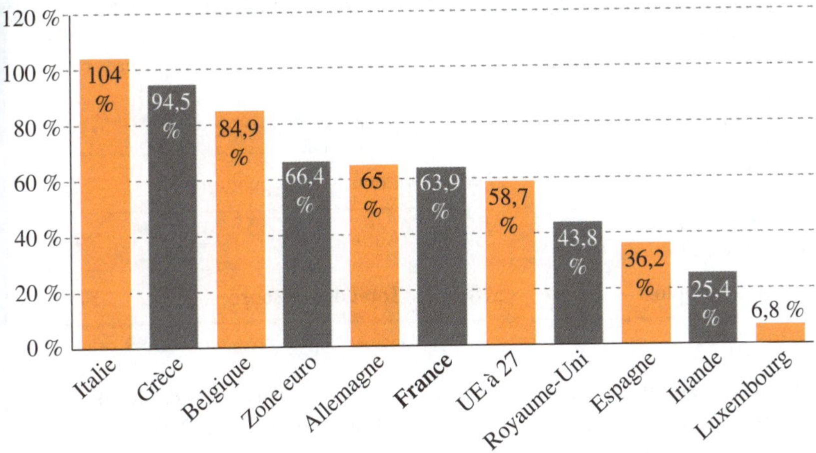

(2) En % du PIB.

Source : Eurostat, 2008.

• En 2007, en France, le **ratio dette publique/PIB** est **inférieur de 2,5 points** à la moyenne de la **zone euro**.
• Le Luxembourg et l'Irlande ont les niveaux d'endettement public les plus bas, l'Italie et la Grèce les niveaux les plus élevés.

LES COMPTES DE LA PROTECTION SOCIALE

⚠ DÉFINITION

La **protection sociale** désigne tous les mécanismes de prévoyance collective qui permettent aux individus et aux ménages de faire face financièrement aux conséquences des risques sociaux, c'est-à-dire des situations pouvant provoquer une baisse des ressources ou une hausse des dépenses (maladie, vieillesse, invalidité, chômage, charge de famille…).

En France, le noyau du système est le **régime général de la Sécurité sociale**, qui verse près de la moitié des prestations.

1 - EMPLOIS ET RESSOURCES EN 2007 (HORS TRANSFERTS)

Emplois	Montants en milliards d'euros	Ressources	Montants en milliards d'euros
Prestations de protection sociale dont :	549,6	Cotisations totales	379,3
– prestations sociales	476,3	Impôts et taxes affectés	124,2
– prestations des services sociaux	73,3	Contributions publiques	57,5
Autres dépenses, frais de gestion	**28,6**	Autres recettes	18,5
Total des emplois	**578,2**	**Total des ressources**	**579,5**

Source : *Études et résultats*, DREES, octobre 2008.

• Pour l'essentiel, les **dépenses** sont constituées des **prestations de protection sociale** perçues par les ménages (549,6 **milliards d'euros en 2007** soit 95 % du total des dépenses hors transferts), qu'il s'agisse de prestations sociales (allocations familiales, remboursements de soins médicaux, etc.), ou de prestations des services sociaux (accès gratuit ou à tarif réduit à l'hospitalisation publique par exemple).

• Les **ressources** de la protection sociale sont principalement assurées par les **cotisations**, basées sur les salaires (**65,5 % des recettes**).

2 - LES PRESTATIONS DE PROTECTION SOCIALE PAR RISQUE EN 2007

	Montants en millions d'euros	En % du total
Santé	195 347	35,6
Vieillesse-survie	246 949	44,9
Maternité-famille	50 303	9,2
Emploi	34 337	6,2
Logement	14 234	2,6
Pauvreté-exclusion	8 445	1,5
Total des prestations de protection sociale	**549 615**	**100**

Source : DREES, octobre 2008.

- Les **prestations de protection sociale** sont majoritairement consacrées aux postes « **santé** » et « **vieillesse-survie** », qui concentrent 80 % des dépenses.
- En 2007, les prestations de protection sociale représentent **29 % du PIB**.

3 - SOLDES DES BRANCHES DU RÉGIME GÉNÉRAL DE LA SÉCURITÉ SOCIALE (1)

	2005	2006	2007 (p)	2008 (p)
Maladie	– 8	– 5,9	– 6,2	– 7,1
Accidents du travail	– 0,4	– 0,1	– 0,4	0,1
Vieillesse	– 1,9	– 1,9	– 4,6	– 5,7
Famille	– 1,3	– 0,9	– 0,5	0,0
Total	**– 11,6**	**– 8,7**	**– 11,7**	**– 12,7**

(1) En milliards d'euros.
(p) Données provisoires.

Source : *Les comptes de la Sécurité sociale*, septembre 2007.

Ces dernières années, le **régime général de la Sécurité sociale** a enregistré un **déficit** compris entre **8 et 12 milliards d'euros** par an ; la branche « **maladie** » constitue la principale source de déséquilibre financier.

LES COMPTES DE LA SANTÉ

1 - VUE D'ENSEMBLE EN 2007

Consommation de soins et de biens médicaux (CSBM) *163,8 milliards d'euros*

Dépenses de la prévention individuelle *3,3 milliards d'euros*

Consommation médicale totale *167,1 milliards d'euros*

+

Dépenses de prévention collective, de recherche, de formation médicales (et autres) *39,4 milliards d'euros*

Dépense courante de santé (DCS) *206,5 milliards d'euros*

- En 2007, la **dépense courante de santé** s'élève à **206,5 milliards d'euros**.
- L'OCDE emploie la notion de **dépense totale de santé** pour effectuer des comparaisons entre pays. Cette notion soustrait certaines dépenses (recherche, formation médicale…) aux **dépenses courantes de santé**.
- En 2006, le pourcentage des **dépenses totales de santé par rapport au PIB** était de 15,3 % aux États-Unis, 11,3 % en Suisse, 11,0 % en France et 10,6 % en Allemagne.

2 - ÉVOLUTION DES PARTS DE LA CSBM (1) ET DE LA DCS (2) DANS LE PIB (EN %)

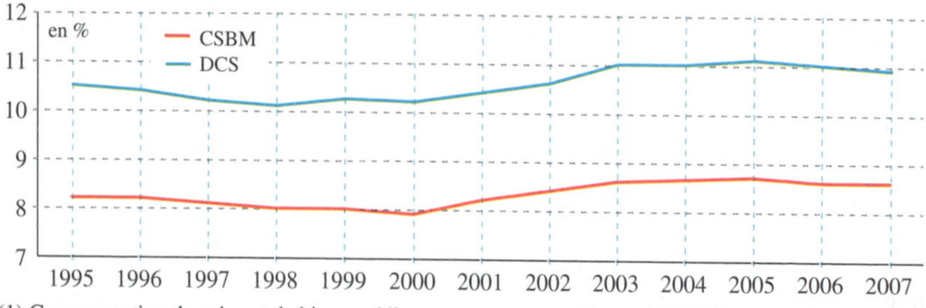

(1) Consommation de soins et de biens médicaux.
(2) Dépense courante de santé.

Source : DREES, comptes de la santé, septembre 2008.

- De **2001 à 2005**, on assiste à une **progression** ininterrompue de la **part de la consommation et des dépenses de santé dans le PIB**. Elle s'explique par un taux de croissance de la consommation et des dépenses de santé légèrement supérieurs au taux de croissance du produit intérieur brut.
- En **2007**, la part des dépenses courantes de santé par rapport au PIB enregistre une **baisse de 0,1 point**. Le taux de croissance du PIB est supérieur à celui de la consommation et des dépenses de santé.
- Dans le montant total des dépenses courantes de santé, la part de la consommation de soins et de biens médicaux est toujours la plus importante.

3 - STRUCTURE DE FINANCEMENT DE LA DÉPENSE DES SOINS ET BIENS MÉDICAUX

	2006	2007
Sécurité sociale	76,8 %	76,6 %
État, collectivités locales, CMU-C	1,4 %	1,4 %
Mutuelles	7,8 %	7,9 %
Sociétés d'assurance	3,2 %	3,2 %
Institutions de prévoyance	2,4 %	2,5 %
Ménages	8,4 %	8,5 %
Total	**100 %**	**100 %**

Source : DREES, comptes de la santé, septembre 2008.

La **Sécurité sociale** est la principale source de **financement de la dépense des soins et biens médicaux**. Néanmoins, on observe une légère baisse de sa part (– 0,4 point entre 2005 et 2007). La diminution de certains taux de remboursement est un des éléments explicatifs de ces évolutions.

LES DIFFÉRENTS RÉGIMES DE RETRAITE

1 - LES COTISANTS SELON LES DIFFÉRENTS RÉGIMES

Régimes	Cotisants	%
Régimes de salariés dont :		
Régime général	16 806 329	68,21
Régime des salariés agricoles	663 171	2,69
Fonctionnaires civils et militaires	2 443 216	9,92
Collectivités locales	1 838 363	7,46
SNCF	165 280	0,67
EDF-GDF	140 334	0,57
Total des régimes salariés	**22 258 429**	**90,3**
Régimes des non-salariés dont		
Exploitants agricoles	584 426	2,37
Commerçants	667 591	2,35
Artisans	550 884	2,24
Professions libérales	554 386	2,25
Total des régimes non-salariés	**2 382 342**	**9,67**
Total général	**24 640 771**	**100**

Source : CNAV, 2007.

• Les régimes qui comptent le plus grand nombre de cotisants sont :
– le **régime général** : il assure la retraite de base de l'ensemble des salariés du secteur privé (sauf l'agriculture) et des contractuels de la fonction publique (**70 % des actifs**) ;
– le régime des **fonctionnaires civils et militaires** et des **collectivités locales** (**18 % des actifs**) ;
– les **non-salariés**, qui ont leurs différents régimes de base spécifiques (**10 % des actifs**).
Les régimes spéciaux représentent une faible part des cotisants.

• Les régimes de base sont des **régimes de répartition** : les cotisations sociales des actifs (part salariale et patronale) sont utilisées pour verser les pensions aux retraités.

2 - LES RÉGIMES COMPLÉMENTAIRES

• Les **régimes complémentaires** sont des régimes de répartition.
• ***Salariés du privé, salariés de la Mutualité sociale agricole :***
– cadres et salariés : **AGIRC**, Association générale des institutions de retraite des cadres ; environ **3,73 millions** de cotisants.
– autres salariés du régime général ou dépendant de la MSA : **ARRCO**, Association pour le régime de retraite complémentaire des salariés ; **18 millions** de cotisants.
– contractuels, vacataires de l'État : **IRCANTEC**, Institution de retraite complémentaire des agents non titulaires de l'État et des collectivités locales ; **2,41 millions** d'actifs cotisants.
Les régimes complémentaires (AGIRC et ARRCO) représentent une partie importante de la pension du privé : un tiers pour les retraites les plus modestes, deux tiers pour celles des cadres.
• ***Artisans, commerçants…*** : **RSI** (régime social des indépendants).

3 - LES RÉGIMES SUPPLÉMENTAIRES FACULTATIFS

• Dans le cadre des retraites par **capitalisation**, chaque individu souscrit à un plan de retraite individuel auprès d'une compagnie d'assurance privée ou d'un fonds de pension et capitalise les intérêts perçus au titre du placement de son épargne.
– Entreprises : contrats d'assurance-vie, assurance-retraite.
– Fonctionnaires : **Prefon ; 370 000 affiliés.**

LES COMPTES DES RETRAITES

1 - MONTANTS MOYENS DE LA RETRAITE GLOBALE EN FONCTION DU SEXE ET DE L'ÂGE (1)

	Hommes	Femmes	Ensemble
De 60 à 64 ans	1 672	1 191	1 453
De 65 à 69 ans	1 674	961	1 299
De 70 à 74 ans	1 604	941	1 243
De 75 à 79 ans	1 612	986	1 251
De 80 à 84 ans	1 624	1 048	1 275
De 85 ans ou plus	1 574	1 097	1 242
Ensemble	**1 636**	**1 020**	**1 296**

Champ : retraités nés en France, ayant 60 ans ou plus et bénéficiaires d'un droit direct dans un régime de base.

(1) En euros mensuels bruts, en 2004.

Source : *Études et résultats*, n° 538, DRESS, novembre 2006.

• En 2004, la **pension moyenne brute** est de **1 296 euros par mois**. Les « jeunes retraités » (60-64 ans) perçoivent des pensions plus élevées que les plus âgés.

• Les femmes reçoivent des retraites nettement plus faibles que celles des hommes (1 020 euros contre 1 636 euros). Ces inégalités de pension reproduisent les inégalités observées sur le marché du travail : salaires inférieurs, temps partiels, contrats précaires.,

2 - COTISANTS, RETRAITES ET RAPPORT DÉMOGRAPHIQUE DU RÉGIME GÉNÉRAL

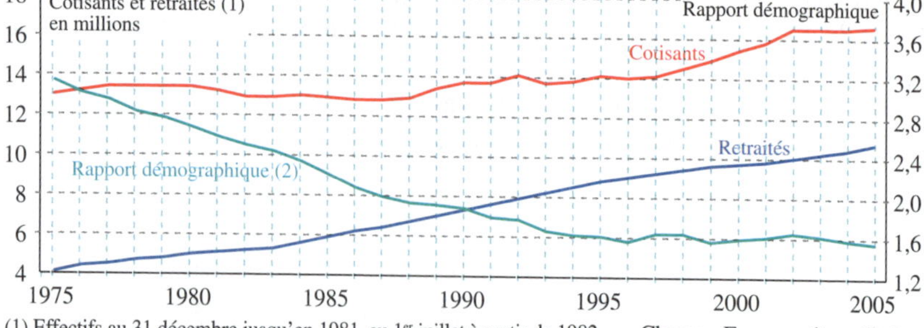

(1) Effectifs au 31 décembre jusqu'en 1981, au 1er juillet à partir de 1982.

(2) Nombre de cotisants/nombre de retraités.

Champ : France métropolitaine.

Source : *TEF*, CNAV, INSEE, 2007.

LA PROTECTION SOCIALE

Pour assurer l'équilibre financier des caisses de retraite, les ressources doivent être égales aux pensions versées, c'est-à-dire :

Nombre de salariés × salaire moyen × taux de cotisation
= nombre de retraités × pension moyenne

EXEMPLE

Pour un mois :
100 salariés × 1 000 euros × 10 % = 20 retraités × 500 euros = 10 000 euros.

Trois leviers permettent d'équilibrer les ressources et les pensions :
1) **Le ratio démographique** : rapport entre le nombre de cotisants et le nombre de retraités. Il dépend de l'espérance de vie, des flux migratoires…
En 30 ans, il a été divisé par deux (vieillissement de la population). Ce rapport est relativement stable depuis le milieu des années 1990.
2) Le **taux de remplacement** : la pension de retraite perçue par rapport au dernier revenu d'activité (taux exprimé en %). Il varie en fonction de la durée de cotisation, du nombre d'années de référence pour le calcul des retraites…
3) Le **taux de cotisation** : rapport entre le montant de la cotisation et le revenu brut d'activité. Il dépend de choix politiques.

3 - PART DES DÉPENSES DE PENSION DANS QUELQUES PAYS EUROPÉENS EN 2005 (2)

(2) En % du PIB.

Source : d'après Eurostat, 2008.

La France se situe parmi les pays européens où le pourcentage du PIB consacré au financement des pensions est le plus élevé.

L'ÉPARGNE DES MÉNAGES

⚠ DÉFINITION

L'épargne est la partie du revenu qui n'est pas consommée.

1 - ÉVOLUTION DU TAUX D'ÉPARGNE DES MÉNAGES (1)

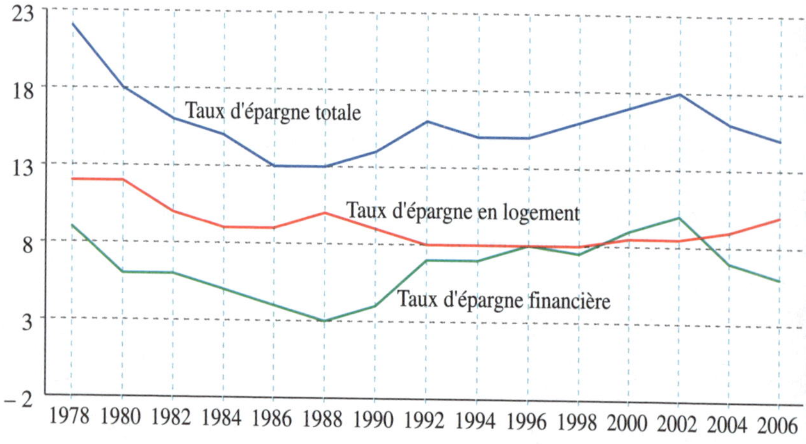

Source : *L'État de la France 2007-2008*, La Découverte, 2007, p 166.

(1) En % du revenu disponible brut.

• L'épargne des ménages peut être employée soit pour **investir** (par exemple acheter un logement), soit pour réaliser des **placements financiers** (acheter des actions par exemple).

• On distingue :

– le **taux d'épargne totale** : rapport entre l'épargne des ménages et leur revenu disponible ;

– le **taux d'épargne en logement** : rapport entre l'investissement en logement des ménages et leur revenu disponible ;

– le **taux d'épargne financière** : rapport entre la capacité de financement des ménages (approximativement leurs placements financiers) et leur revenu disponible.

• Depuis 1992, l'**épargne totale des ménages** se maintient à des niveaux sensiblement identiques (entre 15 % et 18 % de leur revenu disponible brut).

Depuis 2003, le **taux d'épargne en logement** a légèrement progressé, notam-ıent du fait de la baisse des taux d'intérêt réels qui allège le coût des emprunts ınmobiliers.

En contrepartie, à compter de l'année 2002, le **taux d'épargne financière** di-ıinue. Les placements deviennent moins attractifs (baisse des taux d'intérêt) : les ménages prélèvent sur leur épargne pour maintenir, voire augmenter, leur onsommation.

2 - COMPOSITION DU PATRIMOINE DES MÉNAGES FIN 2007

	En milliards d'euros	En % du patrimoine brut total
Actifs non financiers dont :	**7 038**	**66,7**
Logements	2 921	27,6
Autres bâtiments et génie civil	162	1,5
Machines et équipements	44	0,4
Terrains	3 704	35
Actifs financiers dont :	**3 515**	**33,3**
Numéraire et dépôts	1 026	9,7
Titres hors actions	52	0,5
Actions et titres d'OPCVM	925	8,7
Provisions techniques d'assurance	1 352	12,8
Patrimoine brut total	**10 553**	**100**

Source : *TEF*, Banque de France, INSEE, 2008.

Fin 2007, le **patrimoine des ménages** est composé aux deux tiers d'actifs non financiers (principalement de logements et de terrains).

L'**actif financier des ménages** est essentiellement constitué de contrats d'assurance, d'actions et de dépôts (ex. : livret A).

LES MARCHÉS FINANCIERS

DÉFINITION

Les **marchés financiers** sont des lieux où s'effectuent les transactions sur de[s] actifs financiers et leurs produits dérivés.

1 - PRÉSENTATION

Marché des taux d'intérêt	+	Marché des changes	+	Marché des actions	+	Marchés des matières premières, de l'or et de l'argent

↓

Marchés financiers

On distingue les marchés par ordre de volumes négociés décroissants :

• les **marchés des taux d'intérêt**, c'est-à-dire les marchés de la dette :
– le marché monétaire pour les dettes à court terme,
– le marché obligataire pour les dettes à moyen ou long terme.
Le volume global quotidien est approximativement évalué à **8 000 milliards d[e] dollars** ;

• le **marché des changes** où l'on échange les monnaies les unes contre le[s] autres. En 2008, les volumes quotidiens représentaient plus de **3 200 milliard[s] de dollars** ;

• les **marchés des actions**, des indices boursiers et de leurs produits dérivés qu[i] atteignent un volume d'environ **500 milliards de dollars** par jour ;

• les **marchés des matières premières, de l'or et de l'argent** enregistrent de[s] volumes très faibles comparativement aux autres marchés.

2 - CAPITALISATION BOURSIÈRE DE QUELQUES PLACES FINANCIÈRES FIN 2007 (1)

London Stock Exchange	3 851,7	JSE South Africa	828,2
Euronext	4 222,7	Tokyo SE	4 330,9
Deutsche Börse	2 105,2	Hong Kong Exchanges	2 654,4
New York SE	15 650,8	Shangai SE	3 694,3
Toronto (TSX group)	2 186,6	Australian SE	1 298,3
Sao Paulo SE	1 369,7		

Source : World Federation of Exchanges, 2008

(1) En milliards de dollars.

La **capitalisation d'une société** est le produit du nombre d'actions de la société par le prix (le cours) de ses actions. Pour une Bourse, la capitalisation est la somme des capitalisations boursières des sociétés qui y sont cotées.

Les principales places financières sont situées dans les pays développés.

Euronext comprend les Bourses d'Amsterdam, Bruxelles, Lisbonne et Paris.

3 - LES 15 PLUS FORTES CAPITALISATIONS BOURSIÈRES EN ACTIONS FRANÇAISES D'EURONEXT PARIS

Rang	Nom des valeurs	Capitalisation au 30 mai 2008 (en milliards d'euros)	Évolution du 01/01/08 au 30/05/08 en %
1	Total	134,6	– 1 %
2	EDF	126,8	– 14,6 %
3	Arcelor Mittal	92,2	19,7 %
4	Schlumberger	81,3	– 1,4 %
5	Sanofi-Aventis	63,0	– 26,8 %
6	Suez	62,7	3,2 %
7	BNP Paribas	60,1	– 10,6 %
8	France Télécom	51,0	– 20,6 %
9	L'Oréal	47,8	– 21,1 %
10	AXA	46,9	– 16,9 %
11	Gaz de France	43,1	9,5 %
12	LVMH	36,9	– 9,0 %
13	Carrefour	31,8	– 15,4 %
14	Vivendi	31,5	– 13,8 %
15	Société générale	31,2	– 32,4 %

Source : d'après le *TEF*, Euronext Paris, 2008.

Le CAC 40 est la cotation assistée en continu. C'est l'indice de l'évolution des cours boursiers calculé à partir d'un échantillon : les **40 valeurs principales** de la cote. Au 1er semestre 2008, le marché des actions a été affecté par la crise des prêts immobiliers américains (« *subprimes* »).

TAUX D'INTÉRÊT ET CRÉDIT

DÉFINITION

Le **taux d'intérêt nominal** détermine le montant total des intérêts reçus par le prêteur ou versés par l'emprunteur. Par exemple, pour un placement de 100 000 euros sur 2 ans, un taux d'intérêt nominal de 10 % permet à l'épargnant de recevoir 21 000 euros d'intérêts (soit 10 000 euros la première année et 11 000 euros la deuxième année). Ce taux est décidé par contrat lors d'une opération d'emprunt ou de placement.
Le **taux d'intérêt réel** représente le taux d'intérêt nominal corrigé de l'inflation : il mesure soit l'évolution du pouvoir d'achat d'une somme placée ou prêtée, soit le coût réel d'un emprunt.

1 - TAUX D'INTÉRÊT RÉELS À COURT ET LONG TERMES EN %

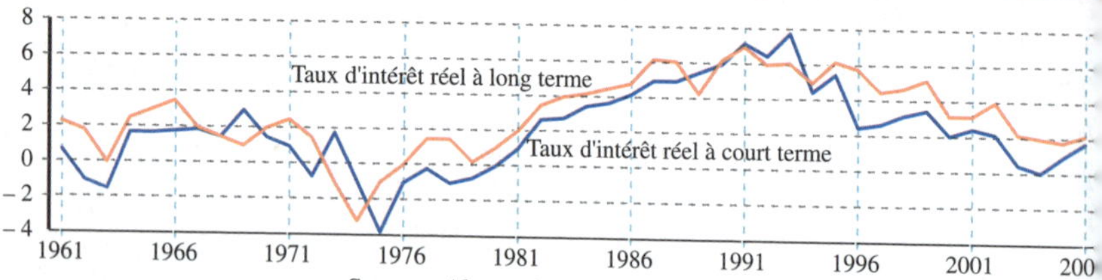

Source : *Alternatives économiques*, hors série n° 74, 4e trimestre 2007.

Depuis le début des années 1990, les **taux d'intérêt réels** ont enregistré une **baisse forte et durable** ; leur niveau actuel les rapproche de celui du début des années 1960, période de crédit bon marché.

2 - ENDETTEMENT DES MÉNAGES ET DES SOCIÉTÉS NON FINANCIÈRES (1)

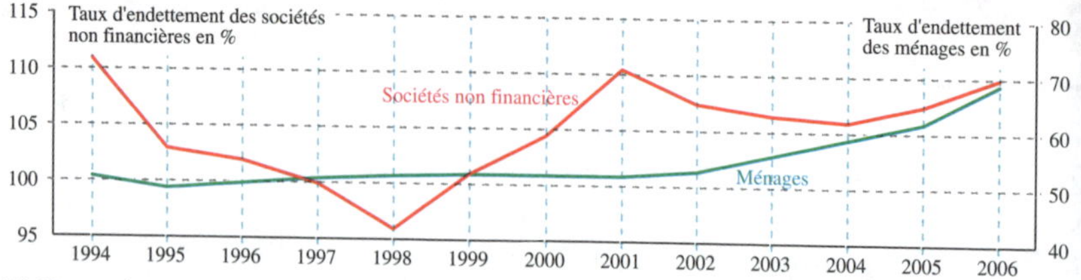

(1) Hors actions.

Source : *TEF*, Banque de France, INSEE, 2007.

a réduction du coût du crédit incite les agents économiques à emprunter, ce qui limente une **progression des taux d'endettement** des ménages et des sociétés on financières depuis la deuxième moitié des années 1990. En 2007, les crédits es ménages représentent en moyenne près de **71,6 % de leur revenu disponi-le brut**.

3 - CRÉDITS DES ÉTABLISSEMENTS DE CRÉDIT AUX SOCIÉTÉS NON FINANCIÈRES ET AUX MÉNAGES (2)

	2005	2007
Crédits aux sociétés non financières		
Investissement	229,9	279,2
Trésorerie	156,7	199,4
Autres objets	193,0	234,1
En-cours total	**579,6**	**712,6**
Crédits aux ménages		
Habitat	503,6	651,1
Trésorerie	128,0	141,5
Autres objets	81,4	83,2
En-cours total	**712,9**	**875,9**

2) En-cours en fin de période en milliards d'euros. Source : *TEF*, Banque de France, INSEE, 2008.

Entre 2005 et 2007, **les crédits** accordés aux sociétés non financières **ont augmenté** de 22,9 %, et ceux obtenus par les ménages ont progressé de 22,8 %. Les sociétés utilisent ces fonds principalement pour investir, et les ménages pour acquérir ou rénover leur logement.

FICHE 27 LES ÉCHANGES EXTÉRIEURS

DÉFINITION

La **balance des paiements** est un document qui retrace l'ensemble des opérations commerciales, monétaires et financières effectuées entre les résidents d'une économie nationale et les non-résidents.

1 - LA BALANCE DES PAIEMENTS

Compte des transactions courantes :
– Balance des biens et services
– Balances des revenus
– Balances des transferts courants

\+ **Compte de capital** + **Compte financier**

↓

Balance des paiements

- Le **compte des transactions courantes** regroupe :

– la balance des *biens* et *services* (exportations et importations) ;
– la balance des *revenus* (revenus des salariés et des investissements reçus ou versés) ;
– la balance des *transferts courants* (transferts d'épargne des émigrés et immigrés ; transferts publics comme les contributions aux organisations internationales…).

- Le **compte de capital** englobe toutes les transactions impliquant des transferts en capital (remises de dettes des administrations publiques…) et des acquisitions et cessions d'actifs non financiers (brevets…).
- Le **compte financier** retrace les différentes sortes de flux financiers (investissements directs français à l'étranger, investissements directs étrangers en France investissements de portefeuille, autres investissements…). Si le solde est négatif, la France est exportatrice de capitaux ; si le solde est positif, la France est importatrice de capitaux.

2 - LA BALANCE DES PAIEMENTS EN 2007 (1)

1 - Compte de transactions courantes	
Biens	– 39 731
Services	10 975
Revenus	28 521
Transferts courants	– 22 082
Solde	**– 22 317**
2 - Compte de capital	
Transferts en capital	924
Acquisitions d'actifs non financiers (brevets)	930
Solde	**1 854**
3 - Compte financier	
Investissements directs	– 48 719
Investissements de portefeuille	– 131 928
Produits financiers dérivés	42 026
Autres investissements	161 261
Avoirs de réserve	– 478
Solde	**22 163**
4 - Erreurs et omissions nettes (2)	– 1 700

Source : rapport annuel de la Banque de France, 2007.

(1) En millions d'euros.
(2) Égales, mais de signes opposés, à la somme des soldes du compte financier, du compte de capital et du compte de transactions courantes.

En 2007, le **compte des transactions courantes** est **déficitaire** d'environ **22,3 milliards d'euros**, ce qui représente 1,2 % du PIB.

Le **compte de capital** est légèrement excédentaire.

Le **compte financier** est **excédentaire** (environ **22 milliards d'euros**), ce qui permet de financer le déficit des transactions courantes.

LE COMPTE DES TRANSACTIONS COURANTES

1 - ÉVOLUTION DU SOLDE DES TRANSACTIONS COURANTES (1)

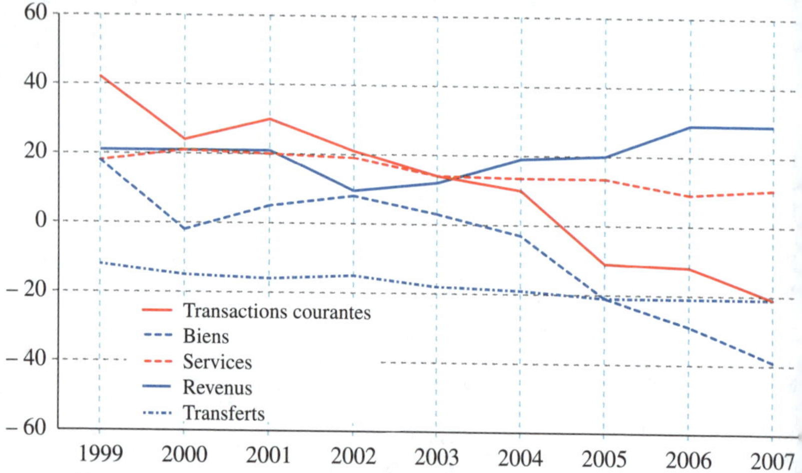

Source : Banque de France, Balance des paiements, rapport annuel 200

(1) En milliards d'euros.

• En 1999, le **solde** positif **des transactions courantes** représentait près d 3 % du PIB. Depuis, l'excédent n'a cessé de diminuer. En 2007, le compt des transactions courantes connaît un déficit qui représente 1,2 % du PIB (so **22,3 milliards d'euros**).

• Le **déficit des transactions courantes** est principalement causé par celui de biens. Il est en partie atténué par l'excédent des services et des revenus.

• La France profite peu du dynamisme du commerce mondial. Une des expli cations est la faiblesse des exportations des entreprises de taille moyenne. Le grandes entreprises réalisent une part importante de leur chiffre d'affaires l'étranger.

• Si l'appréciation de l'euro handicape les exportations, elle n'est pas le facteu explicatif du déficit. L'Allemagne (pays de la zone euro) a de meilleures perfor mances à l'exportation. La compétitivité hors-prix des exportations française semble être en cause.

2 - LE SOLDE DES ÉCHANGES DE BIENS (2)

	2004	2007
Produits de l'agriculture, de la sylviculture et de la pêche	1,7	2,1
Produits des industries agricoles et alimentaires	6,3	7,2
Biens de consommation	– 8	– 10,4
Automobiles	12,2	0,9
Biens d'équipement	7	5,7
Biens intermédiaires	– 5,6	– 12,7
Énergie	– 27,7	– 44,8

Source : *TEF*, INSEE, 2008.

2) En milliards d'euros courants CAF/FAB.

Deux postes sont **excédentaires** de manière significative : l'**agroalimentaire**, es **biens d'équipement**.

Depuis 2004, l'excédent du poste automobile a beaucoup diminué.

Les échanges sont structurellement **déficitaires** dans les **biens de consomma-ion, les biens intermédiaires** et l'**énergie**. La facture pétrolière représente une les causes du déficit de la balance des transactions courantes.

3 - LE SOLDE DES ÉCHANGES DE QUELQUES SERVICES (3)

Transports	**– 3,1**
Voyages	**12,8**

Source : Banque de France, Balance des paiements, rapport annuel 2007.

3) En milliards d'euros.

Le poste **voyages** (tourisme et voyages professionnels) est fortement **excédentaire** et explique en grande partie l'excédent de la balance des services.

FICHE 29

LES INVESTISSEMENTS DIRECTS À L'ÉTRANGER

⚠ DÉFINITION

Les **investissements directs à l'étranger** (IDE) sont des sorties de capitaux qui conduisent à des prises de contrôle d'activités économiques à l'étranger (créations d'unités de production, investissements immobiliers, acquisitions d'au moins 10 % du capital d'entreprises étrangères) ; les bénéfices réinvestis, les prêts et crédits à long terme sont pris en compte dans les IDE.

1 - LES INVESTISSEMENTS DIRECTS À L'ÉTRANGER EN 2007 (1)

Investissements directs français à l'étranger	– 164,1
Investissements directs étrangers en France	+ 115,4
Solde	**– 48,7**

(1) Flux en milliards d'euros.

Source : Banque de France, rapport annuel 2007

En 2007, **les sorties d'IDE** l'ont emporté sur les entrées de 48,7 milliards d'euros : les flux d'investissements directs français à l'étranger s'élèvent à **164,1 milliards d'euros**, alors que les investissements directs des étrangers réalisés en France représentent 115,4 milliards d'euros.

2 - PRINCIPAUX PAYS D'ACCUEIL DES FLUX D'INVESTISSEMENTS DIRECTS À L'ÉTRANGER EN 2007

Pays	Flux (en milliards d'euros)	En % du total des flux
Union européenne à 27 dont :	**– 123,9**	**75,5**
Allemagne	– 11	6,7
Belgique	– 10,1	6,2
Luxembourg	– 10,6	6,5
Italie	– 19,0	11,6
Pays-Bas	– 37,3	22,7
Royaume-Uni	– 16,3	9,9
Autres pays :	**– 11**	**6,7**
États-Unis	– 22,9	13,9
Suisse	– 6,3	3,8
Total	**– 164,1**	**100**

Source : Banque de France, rapport annuel 2007

es investissements directs français se dirigent majoritairement vers les pays éveloppés, et en particulier vers les pays de **l'Union européenne (75,5 % du** otal) et les **États-Unis (13,9 %)**. Contrairement aux idées reçues, les pays en éveloppement ne représentent qu'une part négligeable de ces IDE ; par exemple : Brésil ne reçoit que 1,8 % de nos IDE en 2007, et la Chine 1,4 % seulement.

3 - PRINCIPAUX PAYS D'ORIGINE DES FLUX D'IDE EN FRANCE EN 2007

Pays	Flux (en milliards d'euros)	En % du total des flux
Jnion européenne à 27 dont :	**88,9**	**77,0**
Espagne	5,7	4,9
Belgique	14,1	12,2
Allemagne	13,1	11,4
Luxembourg	8,9	7,7
Italie	3,7	3,2
Pays-Bas	21,2	18,4
Royaume-Uni	16,1	14,0
Autres pays :	**5,9**	**5,1**
États-Unis	16,6	14,4
Suisse	4,0	3,5
Total	**115,4**	**100**

Source : Banque de France, rapport annuel 2007.

es IDE reçus par la France proviennent pour l'essentiel des pays développés, t notamment de ceux de **l'Union européenne** (qui représentent à eux seuls **77 % u total**).

LES INVESTISSEMENTS DE PORTEFEUILLE

⚠ DÉFINITION

Un **investissement de portefeuille** est un achat de titre de propriété ou de créan (émis par des agents non-résidents) par un épargnant qui n'a pas pour objectif prendre le contrôle de l'entreprise.

Les investissements de portefeuille permettent de financer :

– **les entreprises**. Elles peuvent se procurer des fonds en vendant des **actions** en émettant des **obligations**. Lorsque la rentabilité d'une action ne satisfait p les épargnants, ceux-ci peuvent vendre massivement ; l'effondrement du cou du titre expose alors une entreprise à des opérations de rachat. Les fonds pension ou de placement gèrent l'épargne de leurs clients ;

– **la dette publique**. Parmi les titres émis par les résidents et achetés par les no résidents figurent les **obligations assimilables du trésor** (OAT). Une partie la dette publique est donc financée par l'achat par des non-résidents des titr émis par l'Agence France Trésor.

➥ Évolution des investissements de portefeuille (1) 2005-2007

	2005	2006	2007
Avoirs	**– 195,7**	**– 270,5**	**– 161,1**
Actions et titres d'OPCVM	– 42,9	– 48,3	– 54,4
Obligations et assimilés	– 141,1	– 225,7	– 102,0
Instruments du marché monétaire	– 11,7	3,6	– 4,7
Engagements	**181,1**	**211,0**	**29,2**
Actions et titres d'OPCVM	52,6	58,8	– 50,1
Obligations et assimilés	109,6	165,5	79,9
Instruments du marché monétaire	18,9	– 13,2	– 0,6
Solde	**– 14,6**	**– 59,4**	**– 131,9**

(1) En milliards d'euros.

Source : Banque de France, rapport annuel 200

• Les **avoirs** sont les titres émis par les non-résidents et achetés par des résidents ils correspondent à des sorties de capitaux (signe négatif).

Les **engagements** sont les titres émis par les résidents et achetés par des non-ésidents ; ils correspondent à des entrées de capitaux (signe positif).

Les **OPCVM** : Organismes de placement collectif en valeurs mobilières. Ils onstituent l'une des trois catégories d'investisseurs institutionnels avec les onds de pension et les sociétés d'assurance. Il existe deux types d'OPCVM : les **ociétés d'investissement à capital variable (SICAV)** et les **fonds communs le placement (FCP)**.

Les **achats de titres par les résidents et les non-résidents** sont orientés à la aisse, ils sont instables et s'inscrivent dans une logique de placements finan-iers à court terme.

Dans un contexte de turbulence sur les marchés financiers, les investisse-nents de portefeuille se soldent en 2007, par des sorties nettes de capitaux plus mportantes qu'en 2006. Elles s'élèvent à 131,9 milliards d'euros au lieu de 9,4 milliards.

On observe également un ralentissement des achats de titres étrangers par les ésidents et des achats de titres français par les non-résidents après quatre an-ées de forte diversification de portefeuilles (*Rapport annuel 2007*, Banque de rance).

Imprimé en Espagne par Dédalo Offset
Dépôt Légal mars 2009 - Collection 15 - édition 01
18/0900/3